西，我喜歡目前自己所從事的一切。

人性中總有人喜歡把簡單的事情化為複雜的不良成分。

巴菲特財富人生

林郁　編著

前言

風險來自於你不知道自己在做什麼？
當大浪退去時，我們才知道誰在裸泳。
——巴菲特

「股神」沃淪．巴菲特到了今年已經超過91歲了（1930.08.30—），世人除了對他的投資理財、生財之道深感興趣外，對他「這個人」也充滿了好奇！不過，如果有一天你與他不期而遇，或許你的感覺只會是——他就像芸芸眾生中的一位老人家——罷了！

一直以來，巴菲特的特質就是樸實無華、待人親切，毫無「億萬富翁」的架子，相當平易近人，可你如果稍加研讀「這個人」之後，你就會感受到他是一個胸有成竹、見識博大精深的人間旅行者。

巴菲特除了「賺錢」之外，生活常常固守在他奧馬哈的城堡內，作息單純、作風低調、不喜歡張揚、不喜歡奢華。但接近他的人都知道，他是一個十分睿智，且風趣十足，完全不作派的「有錢人」！

有一次，在伯克希爾股東大會上，有位股東說：「我正在考慮買入伯克希爾公司的股票，但是我非常擔心你會發生什麼意外，我可受不了你出現重大意外事件的風險。」巴菲特風趣地回答道：「老兄，我和你一樣，我也會受不了的。」

二〇一二年5月5日，在股東大會上，已經被確認患上前列腺癌的巴菲特用幽默的口吻說，自己感覺好極了。他開玩笑說：「我有四名醫生，其中至少一兩人持有公司的股票。他們提出各種（治療）方案，沒有一個人建議我入院治療，也沒有人要求我要休息。」

巴菲特擁有一架名為「無可辯解」號的私人飛機。他曾經考慮把飛機命名

為「查理・芒格」號，以向芒格致敬，因為芒格（公司的副主席）每次為了公務坐飛機時都堅決只坐經濟艙。巴菲特說：「我已經深深愛上了這架飛機，我死的時候要用這架飛機來陪葬。」巴菲特喜歡可口可樂，而且持有這家公司的股票，他樂觀地預計他的死亡會帶來很多好處：「可口可樂的銷量將會短期大漲，因為我要把我的私人飛機裝滿可口可樂給我陪葬。」

巴菲特的幽默感，也表現出他的機智——

有一年，他接受CNBC（全國廣播商業頻道）的訪問，在採訪時，主持人問他：「你真的大約有一百五十億美元的現金嗎？」巴菲特馬上回答說：「是的，但我現在身上沒帶那麼多！」

當他被問到關於伯克希爾的未來展望時，他說：「如果我死的那天，伯克希爾的股價大漲的話，那我一定會非常傷心！」

有一次，在伯克希爾——哈撒韋的股東大會上，有位股東問他說：「既然你已成為美國最有錢的人了，接下來你的目標是什麼？」巴菲特笑了笑說：「就這麼說好了，接下來我的目標就是要成為美國最長壽的人！」

——由以上的簡介，您應該可以看出這部作品是在描繪「真實的巴菲特」！

本書以十個篇章來詳加敘述之；第一章巴菲特是天生的生意好手、第二章巴菲特的私領域……第四章怎樣從巴菲特身上學到東西、第五章全球最貴的——巴菲特午餐、第六章巴菲特的投資理念是什麼、第七章巴菲特的祕密武器——查理‧芒格……第九章巴菲特定律、第十章簡單就是巴菲特的生存之道等等。

總之，這不是一部冗長枯燥或是充滿理論的投資指南，而是一部告訴您——巴菲特是如何快樂地賺錢之道，還有他不為知的私領域，在平實中充滿著豐滿的血肉與率真的性情，它是一部老少咸宜的「賺錢勵志書」，也是巴菲特一生傳奇的「傳記番外篇」。請您千萬不要錯過——在平凡中展現不平凡的：巴菲特的價值！

第一章

巴菲特是天生的生意好手

I・從小就是生意上的鬼靈精

一九三〇年8月30日，沃倫・巴菲特出生於美國內布拉斯加州的奧馬哈市，沃倫・巴菲特從小就極具投資意識，他鍾情於股票和數字的程度遠遠超過了家族中的任何人。他滿肚子都是賺錢的事兒，五歲時就在家中擺地攤兜售口香糖。第二年，巴菲特又做起了飲料的生意，當時，喝飲料的人在美國到處都是，當那些人心滿意足地喝著從機器裡倒出來的汽水時，他們沒有做任何與此相關的事。只有巴菲特，他拾起了汽水機旁被人們丟棄的瓶蓋，把它們分門別類並數一下各種瓶蓋的數目，由此得出哪種牌子的汽水賣得最快。

一個不過六歲的孩子，在經過粗略地統計後，從祖父的雜貨店裡拿出他認為銷路最好的飲料，在炎熱的夏季挨門挨戶地叫賣。

不久，他又發現一門無本生意，於是他帶領小夥伴到球場撿大人物用過的高爾

夫球，然後轉手倒賣，生意頗為紅火。有一次，記者讚美他從小就是很會動腦筋的生意精，他卻一本正經地說：「那也是很辛苦的，大人只要打完十八洞，而我們卻要走比十八洞更遠的路……」

讓家人感到驚訝的是，小巴菲特對數字有著超於常人的敏感，對於任何一個商人來講，倘若對數字沒有感覺，那他注定不會擁有矚目的財富。巴菲特喜歡四處走動兌換零錢，他對兌換零錢的過程非常著迷。在這一過程中，他用他那個年紀所能知道的一切運算法則來反覆地算，當無數次得出的結果是一致的之後，他才會滿意地一笑。這種對數字的敏感對他後來的數學成績有著相當大的幫助。而在當時，他就可以以極快的速度計算出複利利息，在這一計算過程中，他相當地投入。

當人們巴菲特從身上感受到他對於「獲取實際贏利數字的能力遠遠超過別人」的時候，我們可以斷定，這種審計員才有的專業本能正是他日後成功的標誌。

小學三年級，巴菲特在父親的影響下，深深地喜歡上了股票。

在他八歲的時候，就開始閱讀有關股票市場方面的書籍。許多年後，當他坐在辦公桌後面讀著這一天的早報時，肯定會想起，其實他六、七歲的時候就已經對股票產生了興趣，他或許還會有點遺憾，沒有早一點開始投資股票。不過，這並不影響他在十歲那年把當地圖書館的所有有關股票方面的書籍讀完。

當一個年僅十歲的孩子在你面前熟練而又專業地繪製出股票市場價格升降的圖表時，你是否想過，天才的誕生其實是很簡單的一件事？只不過有些時候，我們沒有進一步挖掘自己的興趣罷了。

巴菲特後來說，自己對數字和金錢相關的任何事情都非常感興趣。我們要知道，非常感興趣，還要有系統地將這種興趣深刻挖掘，巴菲特無疑就具備了這種深刻性。當他將股票市場價格的升降圖表和大多數偏離對公司做出基本分析的東西叫作「小雞走路的痕跡」時，讓他的父親看了為之驚訝。

這種驚訝讓他做出了一個很正確的決定，他讓巴菲特進入自己的辦公室，做一些如張貼有價證券的價格以及填寫有關股票及債券的文案工作。

十一歲那年，巴菲特通過自己的理性思考，以每股38美元購買了3股城市服務公司股票。當該股升值到40美元時，他立即拋了出去，雖然他不過賺了5美元，但意義更為重大的是，這是他第一次購買股票。

在回憶十一歲的那段歲月時，巴菲特眼中充滿了興奮之光，他說：「我在我父親的辦公室裡負責全面工作，從股市行情提示到製圖資料，所有的一切。當做完這一切後，我就拿起《證券分析》來讀，閱讀這本書就好像是在茫茫黑夜看到了來自遠處的燈光。」

幾年後，這本書的作者班傑明・格雷厄姆成為他的大學教師。

這位大學教師一節課給他的知識要遠比他整個小學的時間所得到的都多。巴菲特小時候就讀於奧馬哈的羅斯黑爾小學。當他如饑似渴地讀著各種各樣的商業類書籍，鑽研著企業財務報表，研究著股票圖表時。學校裡就有人認定他是股票投資專家，甚至連小學的老師們都千方百計地想從他那裡學到一點東西。大家不必知道他通過股票賺了多少錢，從他那種與眾不同的談吐上就覺得他是個內行人。

許多人都注意到了，巴菲特身上有著某種與生俱來的東西，那並不僅僅是早熟和知識淵博，更多的在於他那種把知識以合乎邏輯的方式表達出來的本事。他似乎有超常的洞察力，他談論一件事情的方式讓人深信他確實很清楚自己究竟在說些什麼。比如，他可以就美國城市人口問題滔滔不絕地談上半天，邏輯性強得讓人無法站出來反對他的觀點。

但是，巴菲特的確是個好學生，他不是那種只善於侃侃而談卻成績糟糕透頂的人。他的老師後來在談到他時說：「他從來都不是一個難以管教的學生，相反，他是個好孩子。他是個好學生，學習非常用功。我記不得他的數學成績是多少分了，但我敢肯定他的成績是非常優秀的。他的英語語文也很好，我記得他還曾糾正過我的錯誤。」

正是因為成績優異，在羅斯黑爾小學，巴菲特還曾跳過級。

成績上的突出是巴菲特在小時候的一個特點，還有一個特點就是，他非常善於與人相處。有一次，他得了闌尾炎，全班的同學或是去看他或是給他寫信問候。他說因為開刀不能洗澡……結果，他們親切地給他取了個綽號叫「不洗澡的巴菲特」。

許多年後，當有人問他為什麼有那麼大的賺錢欲望時，他笑著回答：「倒不是我想要很多錢，我覺得看著財富慢慢增多是一件很有意思的事。」

為了賺錢，他離家出走，目的是不想讓母親在耳邊絮叨他的功課問題。他離開家後曾想靠在高爾夫球場為球手找球、拾球賺點錢。同時，他盯上了一家巧克力廠。但這一切都不是他真正想做的，他其實還是想做一個優秀的送報童。

事實上，他從10歲開始就已經是一名合格的報童了。到14歲時，他的派報事業更是日漸成熟。頭腦靈活的他巧妙地設計和安排，同時承擔了5家報紙的派送。

這樣一來，他既可以通過送更多的報紙來獲得更多的收入（月收入175美元，相當於當時眾多全職員工的薪水），還可以在顧客對其中一種報紙不滿意後迅速向他推薦另一種報紙，從而不減少自己的送報數量。

可是隨著送報量的增加，巴菲特開始發現記住每一戶的訂閱期限十分困難。這還不是最難的，最難的是，當時正值第二次世界大戰，人們居無定所，有很多客戶在搬家時哪裡還有心情跟報社說自己的新地址。這樣，巴菲特就得不到那份錢了。

這個問題在巴菲特看來，非常好解決。他首先通過撕下「客戶標籤」的方式來告訴自己「客戶已經到期了，不用送了」，同時也提醒對方「該續訂了」。如此，巴菲特就對每個人的訂閱期限都一清二楚了。

為了保險起見，巴菲特又與公寓裡的電梯服務員（以前的老式電梯，住戶都會請人來看管電梯，並負責開門、關門之工作）達成協議——他為他們免費提供報紙，而他們則在知曉公寓中有人即將搬走時通知巴菲特去收取他的報費。

許多年後，我們從巴菲特身上看到了他重視市場調查、以客觀事實為決策依據的習慣，殊不知，這種習慣的養成是從小時候就開始了。同時，想要養成這種習慣，就必須具備與鍛煉非常敏銳的洞察力，巴菲特具備這種能力，由此為後來他投資事業上的成功奠定了堅實的基礎。

在15歲那年，他用自己賣報紙攢下的錢在內布拉斯加州買了40英畝農田，然後轉手租讓給一個農田的承包人。

緊接著，他又花25美元買了一台舊角子機放到理髮店裡，然後把它租出去。第一天他就用這台機器賺了14美元。大約一個月，他和夥伴們就在三家理髮店裡設置了角子機。生意火極了。隨後，他們又擴大到了八家。

此時，巴菲特有了自己的第一個公司。他把這個公司命名為威爾森角子機公司。不久後，他又和夥伴集資350美元，購買了一輛一九二八年產的勞斯萊斯轎車，之後以每天35美元的價格出租。

精明，並非是與生俱來的，巴菲特的經歷告訴我們，一個從小就肯去培養一種習慣或是一種能力的人，將來必能用這種能力創造出別人根本創造不出來的成就。

巴菲特的中學生活乏善可陳，因為自小學開始，他的心似乎已經不在學校了。

在中學時，他更熱衷於研究怎樣賺錢，因此，在學校中他既不是一個很合群的人，也不致於是令人討厭的人，只是一向都是獨來獨往，有點孤僻。巴菲特即使是在幾十年後，對處於初中校園的自己都有著非常清醒的認識：「我不是最受歡迎的人，但也不是最不受歡迎的人。我只是一個無足輕重的人。」

雖然在學校他是個無足輕重的人，但在校外，他絕對是一個即將飛騰的隼鷹。在中學即將畢業時，他將自己的那個威爾森公司賣給了一個退伍軍人。這筆錢是一千二百美元。他拿著這些錢前往賓州華頓大學。此次行程讓巴菲特明白了一件事，在這個世界上，有太多的賺錢管道。而人們往往只是在自己的房子周圍和辦公室安逸地待著。

到了一九五〇年，巴菲特已經積攢了近一萬美元的財富了。與此同時，他用了一年時間完成了14門課程，從內布拉斯加大學順利畢業。

這一年，他剛滿二十歲。

2・哈佛大學拒絕巴菲特的入學申請

他對未來並沒有猶豫，但也不見得是清晰的。他想繼續深造，有兩個學校是他想要讀的：一個是哈佛大學，另一個是哥倫比亞大學。

他先是很自信地向哈佛商學院提出申請，然後乘火車前往芝加哥，在那兒，哈佛商學院招生辦公室的一位男士接見了他。但是此人對他的印象並不好——「20歲，由於身材消瘦，看起來像只有16歲的樣子，相當於一個12歲少年的體重。」

那次會面只有十分鐘，那位男士認為，巴菲特太年輕，所以不能被錄取。不過也不是沒有機會，他建議巴菲特再等個一兩年、再重新申購。巴菲特事後憤怒道：「哈佛那些傢伙太自命不凡了。」

可是，他對自己被拒絕這件事束手無策，在芝加哥待了四個星期後，他的父親催促他隨便找個商學院上就好。巴菲特只好無奈地向哥倫比亞大學投去了申請書。

很快，他就收到了哥倫比亞大學的入學通知，在哥倫比亞商學院，巴菲特感受到了「人外有人，天外有天」，而他一生的財富之道的修煉就在此處完成。

巴菲特進入該學院後，有一段時間，他仍舊對學院的教授們抱有懷疑的態度。他當時甚至還有點苦惱，憂心忡忡地考慮著到底誰可以讓他獲得更多的商業知識。

不過，當巴菲特見到班傑明・格雷厄姆時，他的一切憂慮都煙消雲散。

作為一個猶太人，班傑明・格雷厄姆的身上既有猶太民族超人的明智與敏銳的思想，又彰顯著美利堅民族不畏艱難的冒險精神。格雷厄姆的金融分析學說、證券分析理論和投資理念在投資這個主流領域裡有著極為深遠的影響，影響了一代又一代的投資者。

一八九四年5月9日，格雷厄姆在英國倫敦出生。格雷厄姆很小的時候就跟隨經商的父親遷往了美國。也許正是由於家庭帶給他的諸多的不幸，才成就了格雷厄姆一生的輝煌。格雷厄姆9歲那年，他的父親走完了人生的全程。父親的逝世對他來說，是無法修復的心靈創傷。與此同時，他失去了獲得安全保障和正常發展的基本條件。然而童年時代的格雷厄姆便具有重大的災難也無法壓垮的性格，他的表現是那麼頑強和堅定。

12歲的格雷厄姆，較一般孩子而言，他身上的潛力已經慢慢釋放出來了。他知道如何使自己堅強地對付命運的捉弄，學會了如何用各種方法賺一點錢，如何集中精力完成該做的工作，特別是學會了一切事情靠自己解決，永不言棄地為了自己的人生在奮鬥。童年時代的困難處境深深影響了格雷厄姆的性格，他對金錢越來越敏感和崇拜了。

在他的觀念裡，賺更多的錢，任意花很多的錢，成為他生活成功的主要標誌。經過數十年人生的浮沉之後，他終於掌握了最滿意、最重要的物質利益的真諦：最了不起的理財策略是在一個人的收入範圍內過上美好的幸福生活。

「我的理想支撐著我，乘一葉小舟，迎著落日的餘暉，沐浴著西方的星辰，前進，直至我生命終結。」——這是格雷厄姆常常朗誦的《尤利西斯》中的一句話，而他一生的經歷恰如商海中沉浮的扁舟，跌宕起伏，卻永不言棄。

3．第一位老師班傑明．格雷厄姆

班傑明．格雷厄姆在一九三四年底完成了著作《證券分析》，這本書奠定了格雷厄姆作為證券分析大師和「華爾街教父」的不朽地位。他在書中清楚地指出了兩個投資原則，即作為一個成功的投資者應遵循兩個投資原則：一是嚴禁損失；二是不要忘記第一原則。

《證券分析》所闡述的計量分析方法和價值評估法使投資者減少了盲目，增加了更多的理性成分。格雷厄姆也因此成為世界上運用數量分析法來選股的第一人。他提出了普通股投資的數量分析方法，解決了投資者的迫切問題，使投資者能夠更加準確地去衡量一支股票的價值，從而可以很快速地對一支股票的投資取捨問題做出判斷。

一九三六年，承接他的《證券分析》，格雷厄姆出版了他的第二本著作《財務報表解讀》。財務報表是揭示公司財務資訊的主要手段，有關公司的財務狀況、經營業績和現金流量都是通過財務報表來體現的。如何通過對財務報表的分析來評價公司財務狀況、未來收益等對證券買賣決策及規避投資風險具有極為重要的意義。

繼《財務報表解讀》之後，格雷厄姆完成了他人生中引起最大關注和影響的一部不朽的著作，即《聰明的投資人》。

《聰明的投資人》可以說是《證券分析》的簡化版，它不僅僅繼承了《證券分析》的所有精華，而且還有大量更新的生動實例。在內容上更加迎合投資需要，通俗易懂，簡單明瞭。它再一次鞏固了格雷厄姆作為一代宗師的地位。在《聰明的投資人》這本書中，格雷厄姆闡述了投機與投資的實質性區別：投資是建立在事實與數字的分析基礎上，而投機則是建立在突發的念頭或臆測之上。

格雷厄姆指出，如果一個證券被視為一項投資，則基本金需要有一定程度的安全性和令投資者滿意的回報率。當然，所謂安全並不是指絕對安全，而是指在合理的條件下投資應不至於虧本。一旦發生極不尋常或者意想不到的突發事件也會使安全性較高的債券頃刻間變成廢紙。而滿意的回報不僅包括股息或利息收入而且包括價格增值。格雷厄姆特別指出，「滿意」是一個具有主觀色彩的詞語，如果投資者的行為是理性明智的，投資的結果可以是任何一個數字，即使很低，也可以被稱之

為是「滿意」。

在格雷厄姆看來，投機者只是為了尋找高額利潤往往會忽視對股票內在價值的研究和分析，雖然投機行為在證券市場上有一定的地位，卻經常受到「市場先生」的左右，陷入盲目投資的誤區，股市一旦發生大的波動常常使他們陷於血本無歸的境地。與投機者作風不同的投資者，卻是在充分研究和分析的基礎之上謹慎地做出投資決策，因此投資者所要承受的風險要小得多，最重要的是投資者能夠獲得穩定的經濟收益。

一般而言，大多數投資者都相信在股市中所冒的風險與最終獲得的利潤是成正比的，然而在格雷厄姆眼中，這卻是一個不可原諒的主觀錯誤。格雷厄姆認為，通過最大限度地降低風險而獲得利潤，甚至是無風險而獲利，這在實質上是高利潤。在低風險的策略下獲取高利潤也並非沒有可能。高風險與高利潤並沒有直接的聯繫，往往是投資者冒了很大的風險，而收獲的卻只是風險本身，即慘遭虧損，甚至血本無歸。

格雷厄姆在書中提到一個深刻的教訓和經驗：時刻注意規避高風險。他對此曾做過一個貼切比喻：「橋牌專家在意的是打一局好牌，而不是大滿貫。因為只要你打對了，終究會贏錢，但若你弄砸了，便準輸無疑。」一個成功的投資者會時刻注意對投資風險的規避，學會更加理智和明智地投資，盡可能追求最高的投資回報率且同時保持最大的安全邊際，絕不會毫無想法，在市場中橫衝直撞。

如果一家公司的股價在其未來業績的影響下持續向上攀升，這個時候投資者一定不要過於盲目地追漲，而應該採取懷疑的態度去全面性地瞭解和分析這家公司的真實情況。因為即使是採取最嚴格的會計準則，近期內的盈餘也可能是會計師偽造的。而且公司採用不同的會計政策對公司核算出來的業績也會造成很大差異。

投資者應注意仔細分析這些新產生的業績增長是真正意義上的增長，還是由於所採用的會計政策（作帳方式）帶來的增長，特別是對會計報告的附加內容更要多加留意。任何不切合實際的預期都會導致企業的面貌發生改變，投資者一定要盡可能更加確切地做出正確的評估，而且必須密切關注它的後續性發展。

倘若一家公司運營很好，資本收益率高且負債率較低，而且股利已經連續發放了一些年數，那麼這家公司應該是投資者比較理想的投資選擇對象。只要投資者以一個合理的價格購買該類公司股票，投資者就不會犯錯。

格雷厄姆特別指出的一點是：投資者千萬不要因為自己手中持有暫時性表現不好的股票就迫不及待地想拋出去，而應該說服自己對其保持足夠的耐心和關注，最後的結果就是投資者終會得到滿意的回報。需要特別說明一下的是，投資者應將公司的股利政策作為衡量投資的一個重要標準。投資者在關注公司業績的同時，還必須關注該公司的股利政策。一家公司的股利政策既體現了它的風險，又是支撐股票價格的一個重要因素。如果一家公司堅持了長期的股利支付政策，這表示該公司具有良好的「體質」及有限的風險。而且相比而言，如果一家公司實行了高股利政策，則它一般會以一個比較高的價格出售，而實行低股利政策的公司通常只會以較低的價格出售。

格雷厄姆在書中曾這樣指出：投資者應該對自己手中的投資組合進行比較合理的統籌規劃，投資者的資金也應該以股票和債券的價格變化為參考，靈活分配自己手中的資金。當股票的盈利率高於債券時，投資者可多購買一些股票；當股票的盈利率低於債券時，投資者則應多購買債券。當然，格雷厄姆也特別提醒投資者，使用上述規則只有在股市牛市時才有效。一旦股市陷入熊市時，投資者必須當機立斷賣掉手中所持有的大部分股票和債券，而僅保持25%的股票或債券。這25%的股票和債券是為了以後股市發生轉向時所預留的準備。

在格雷厄姆身上，我們看到了很多（投資理財方面）思想的閃光點，而格雷厄姆也凝聚了一般理論家所不具備的兩個優點：

第一、培養判斷問題輕重緩急的能力以及避免在非本質問題上浪費時間；

第二、尋求實用方法，完成任務，解決問題的幹勁。

此外，格雷厄姆極為鼓勵和支持投資者關注商業的內在價值（內在價值又稱非使用價值，就是事物本身內固有的，不因外在於它的其他相關事物而存在或改變的價值），也就是一個明智的商人願意支付的東西。

他的經典名言就是——投資者最大的敵人可能就是他自己。

這位猶太人是當之無愧的經濟大師。他習慣於讓學生們向自己發問刁難，並在拆招解答的過程中向他們傳授自己的投資心得。在格雷厄姆熱烈的課堂討論上，總有數不勝數的提問，他就是在這些討論中與大家進行思維碰撞，並不著痕跡地讓學生們接受他的觀點。

巴菲特太喜歡這樣的老師了，為了向這位大師挑戰，他拿來了格雷厄姆的著作

《聰明的投資人》進行研究，最後，他從中看到了這樣一個商業理念——只有在不受感情因素影響的情況下，進行的投資才是最明智的投資。

許多年後，他才真正弄懂這句話的含義：投資不應受感情的影響，沒有寄予贏利的厚望，也沒有擔心有損失的忐忑不安，更不要隨大流，看別人購買自己就盲目地購買。

從格雷厄姆這裡，巴菲特學到了太多的東西。格雷厄姆的基本思想就是，認識和研究行情，準確把握自身財力；要發掘自身潛能，做到知己知彼；把握市場預測，市場是成功發展的關鍵。由此依據事實進行客觀推斷，某些股票大大低於它的應有價值時便可以大膽購入不要遲疑，因為這種推斷是符合市場規律的。

巴菲特自己總結這種觀點時，他說：「不要亦步亦趨，隨波逐流，只要認準了，就應該大膽地去投入。」

當然，作為價值投資之父，格雷厄姆的貢獻對人類經濟發展的影響是相當大的。他提出的「安全投資的極限」這一原則就是證明。這一原則告訴投資者，要肯定你所購買的股票價值遠遠大於你在股票市場所做的投資。只有購買股票的價錢以及股票本身的價值才是真正重要的事。

巴菲特後來說：「『安全邊際』是投資中最重要的幾個字。」

從此以後，巴菲特將這一原則發揮到了盡致淋漓，使他成為世界上價值投資方面最偉大的實踐者。

巴菲特的哥倫比亞大學生活相當充實，這不僅表現在他對格雷厄姆的敬佩而常常聽他的課，還表現在他在課外之餘將格雷厄姆的著作《聰明的投資人》當作投資聖經。可以說，在哥倫比亞大學的兩年時間，他把自己全部獻給了格雷厄姆，成為他的使徒。

4・第二位老師菲利普・費雪

事實上，瞭解巴菲特投資哲學的人都知道，巴菲特思想的另外一個非常重要的源頭是菲利普・費雪。巴菲特讀了他的名著《怎樣選擇成長股》之後便去拜訪他。之後，他感到費雪的理念令人折服，對費雪的成長股投資策略非常推崇。

菲利普・費雪（一九〇七－二〇〇四）是出生於加州舊金山美國人，近半個世紀以來最偉大的投資顧問，成長股價值投資策略之父，現代投資理論的開路先鋒，「教父」級的投資大師，華爾街極受尊重和推崇的投資專家，史丹福大學商學院《商業投資管理》課程主講人（整個史丹福大學歷史上只有過三位主講人）。菲利普・費雪是長期持有成長股投資理念的倡導者，偏重於研究企業的成長性，號稱「成長型價值投資之父」。作為被人崇敬的投資大師，費雪與「價值投資之父」格雷厄姆，都是「股神」巴菲特的恩師。

身為巴菲特老師的格雷厄姆和費雪，他們的投資理念卻存在著本質性的區別。

班傑明・格雷厄姆是「低風險」的數量分析家，他側重固定資產、當前利潤以及紅利分析。他的興趣在於形成容易被普通投資者接受的安全投資獲利的方法。為了有效地降低投資的風險，他給投資者的提議是實行多元化的組合，並盡可能買進價格較低的股票。

菲利普・費雪是「高風險」的質量分析家，他和班傑明・格雷厄姆恰恰相反。他側重公司內在價值的分析、發展前景和管理能力。他建議投資者購買有成長價值期望的股票。他給投資者的建議是在準備投資之前去做系統的研究與分析，實現投資組合的集中化，只買進一種或者極少的品種的股票。

在一九二八～一九九九年超過71年的投資生涯中，費雪投入了他的熱情在成長型股票中，並獲得了巨大的成功。費雪的經典代表著作有《怎樣選擇成長股》《保守型投資者夜夜安寢》和《發展投資哲學》。

一九五九年，費雪的經典力作《怎樣選擇成長股》問世，這本著作很快成為多數投資者必讀的教科書，而「成長股」這個詞語也因為該書的暢銷而在股市中被投資者認識和瞭解，追尋「成長股」的「成長型投資」更是自此成了美國股市多年以

來的主流投資理念之一。

費雪的一個很重要的貢獻就是提出了這樣一個理念：研究分析企業不能僅停留在財務數字上，而應該從實際對企業的訪談中觀察企業的實際經營管理。這對巴菲特的投資理念形成具有重大意義，正是他在投資喜詩（See's）糖果時接近三倍的淨資產收購溢價，使得巴菲特勇敢地跨出了格雷厄姆投資理念的框架。

巴菲特對此曾經這樣說：「當我讀過《怎樣選擇成長股》後，我找到了費雪，這個人和他的理念給我留下深刻印象。通過對公司業務深入瞭解，使用費雪的技巧，可以做出聰明的投資決策。」

巴菲特曾經用這樣的語言來表達他對自己的兩位啟蒙老師的崇敬之情：我的血管裡85％流著格雷厄姆的血，15％流著費雪的血。在巴菲特的身上，彰顯了格雷厄姆與費雪的投資理念和思想邏輯，而這些也注定會帶給巴菲特及伯克希爾公司巨大的財富，在一定意義上來說也成就了現代投資市場的投資楷模。

第二章

巴菲特的「私領域」

I・「結果2比1，我贏了！」

早在念初中的時候，巴菲特就暗戀過一個名叫卡洛琳的女生。

當時，巴菲特並不是一個擅長跟女孩子打交道的人，而且他因為熱衷賺錢而喜歡獨來獨往，可以說是有點孤僻，所以他很難討得女孩子的歡心，而且他的年齡偏小，因此在那些大女生面前，他還是個小弟弟，很難吸引她們的目光。正如巴菲特自己所說：「在班裡我不是最受歡迎的人，然而也不是最不受歡迎的人，我只是一個無足輕重的人。」

他從來沒有膽量向這個女孩表達自己的愛。後來卡洛琳嫁給了彼得・基威特父子公司（奧馬哈最大的私人承包商）的老闆沃爾特・斯科特。對這次失戀，巴菲特很有紳士風度地評價說：「幸運的是，最優秀的人贏得了美人的芳心。」

在哥倫比亞讀書時，巴菲特又愛上了一個女孩，並跟她有過約會。儘管沒有過多的記載描述巴菲特當時的愛情，但毋庸置疑，這又是一段沒有結果的感情。因為不久之後，當他發現自己的好朋友比爾·柯瑞斯·泰森也在跟這個女孩約會時——於是，他就很有風度地向柯瑞斯·泰森宣佈自己退出這場愛情的角逐。

可是，巴菲特的君子讓步最後也沒能成全了好朋友的戀情。因為後來這位女孩並沒有嫁給柯瑞斯·泰森。

雖然在感情上連續兩次受挫，但失戀的經歷只不過是每一個男孩生活中的小插曲而已，巴菲特的求知欲和對事業目標的追求並未受到「失戀」的影響。

但是，遇見蘇珊之後，巴菲特深切地感受到，蘇珊就是自己等待的那個人，是自己一生的伴侶。正是因為巴菲特對蘇珊的深深迷戀，使得巴菲特堅定了要得到蘇珊的信心，激發了他的無窮勇氣。所以，蘇珊的冷淡和刻意迴避，並沒有讓巴菲特知難而退。這一點要感謝蘇珊父親湯普森教授的支持。與未經世事的女兒相比，這位教授先生可謂慧眼識英才。他早對外表平平，卻透著精明的巴菲特格外留意。而巴菲特既然決定了，就會堅持到底。既然無法從蘇珊那裡找到突破口，那就轉移進攻目標。此後他開始刻意與這位長輩搞好關係，希望借此贏得愛人的芳心。

當然，從客觀來說，有兩件事給予了巴菲特幫助。第一是蘇珊的心上人密爾頓·布朗是個猶太人，這一點為湯普森教授所不喜。第二是每當蘇珊藉故離開時，巴菲特有了更多的機會和湯普森教授交流，因而能更多地瞭解對方的喜惡。以至當得知教授先生喜愛音樂後，更增多了共同語言。畢竟音樂對於巴菲特來說也是美好的，令他感興趣的。此後，這一老一少交往頻繁，為巴菲特爭取了更多的展示自我和贏得對方好感的機會。

真正的情況是——一切都在向好的方向發展。

據巴菲特後來回憶，之所以能獲得蘇珊·湯普森的芳心，這位岳父大人的確功不可沒。有一次，他們合奏了一首曲子。巴菲特彈奏夏威夷的烏克麗麗，而湯普森教授彈奏曼陀林。他們配合得相當不錯，就連蘇珊也被吸引住了，並從此改變了對巴菲特的看法。巴菲特則不失時機地向湯普森教授提出想娶他女兒的想法。湯普森教授很喜歡這個年輕人，所以他勸女兒說：「巴菲特是個好男孩，我不會看錯！你應該給他機會，和他一起出去走走。」

蘇珊向來都很崇拜溫文儒雅、學者型的父親，同時也很聽父親的話，於是接受了勸告，開始和巴菲特約會。

巴菲特曾經告訴蘇珊自己將會成為一個富有的人，但是這些話語遠沒有溫柔的情話和幽默的談吐來得吸引人。蘇珊原本身體並不是很好，耳痛在很長一段時期內折磨著她，更不幸的是由於風濕熱，蘇珊不得不長期待在家裡。

正是父親的親切關懷、專心呵護彌補了蘇珊的不幸，蘇珊也清楚地意識到自己是在一種絕對的愛的包容裡成長的。而當她戰勝疾病之後，她體驗到了一種自由的美好，她感到的不僅僅是健康，還有從痛苦中徹底擺脫出來的輕鬆感。

而巴菲特顯然得到了湯普森教授的「真傳」，在與蘇珊交往的過程中，他盡展細心的一面，不僅對愛人輕聲細語、百依百順，而且不時展露出自己的才華。蘇珊在與巴菲特的長期交往中發現了巴菲特的很多特別之處，對他慢慢有了好感，於是，兩個人共同墜入了愛河。最終，湯普森教授對巴菲特發自內心的好感，還有蘇珊的姐姐的熱心幫助，使巴菲特取得了成功。

後來，巴菲特得意地談起這件事說：「顯然，和她在一起，我不是最具競爭力的。但是，蘇珊的父親非常贊成我，結果二比一，我贏了！」

2・「相信我，我將來會很富有！」

一九三二年，蘇珊・湯普森出生於奧馬哈一個普通的文教家庭，蘇珊的父親湯普森博士是心理學教授，同時還擔任奧馬哈大學藝術科學院院長。

蘇珊從小到大生活過的那個街區與巴菲特住的地方相隔不到一英里，蘇珊能與巴菲特相識，得完全歸功於巴菲特的妹妹羅貝塔。

那是一九五一年夏天，巴菲特去西北大學看望在那裡念書的妹妹羅貝塔，並陪她參加了一次學校的舞會。在悠揚的樂聲中，蘇珊那玲瓏嬌小的身材、洋溢著迷人微笑的青春臉龐深深地迷住了巴菲特。巧合的是，蘇珊跟羅貝塔住在同一個宿舍，而且故鄉都是奧馬哈市。

然而，與巴菲特對蘇珊痴痴的迷戀相反，初次見面，蘇珊並沒有對巴菲特留下什麼深刻的印象。

後來，巴菲特回到奧馬哈，就對蘇珊展開了「愛情攻勢」。可他不是一個會談情說愛的人，此前，他看到女孩還會臉紅，以至於面對美麗可愛的蘇珊，巴菲特更是手足無措。「或許和她交流自己擅長的東西會令我自然些吧。」巴菲特這樣想著。於是每次見面就和蘇珊玩猜謎或腦筋急轉彎之類的智力遊戲。但凡女孩子都喜歡談比較溫馨的話題，或者是喜歡浪漫的情調，而對於這種傷腦筋的遊戲大多沒什麼興趣。因此，見了幾次面之後，蘇珊對這個愣頭愣腦的小夥子簡直煩透了。

後來，經過父親的鼓舞之後，蘇珊才決定嫁給巴菲特。

一九五二年4月19日下午3點，絕對是個值得銘記的時刻，蘇珊與巴菲特在鄧迪長老會教堂舉行了婚禮，兩人走向了婚姻的殿堂。

回味蘇珊與巴菲特的浪漫情史，我們有必要思索一下，是什麼原因促使他們倆走到了一起，更確切地說是什麼使得巴菲特最終如願以償，和蘇珊共結連理呢？

撇開音樂對他的幫助不談，有一點是非常明確的，那就是巴菲特的自信。

蘇珊嫁給巴菲特時還不到20歲，而巴菲特只有22歲，那時的他還是個窮小子，但他還是鼓足了勇氣對蘇珊說：「相信我，我將來會很富有！」

如果說有一千個年輕人向女孩求愛的時候都說：「我將來會很有錢的，請妳嫁給我吧！」那麼最終能實現自己諾言的或許寥寥無幾，甚至沒有吧！

然而，巴菲特卻實現了他對蘇珊的承諾，他創造了「巴菲特投資的世紀神話」，並在二〇〇八年初再度摘取世界首富的桂冠。

巴菲特堅信自己會富有，「不是因為我有什麼了不起的長處，甚至也不是因為我很勤奮，而只是因為我在一個正確的時間和正確的地點做了正確的事情而已。」

不只是蘇珊被他的自信所打動，還有他的投資者也被巴菲特表現出來的自信折服。這點，可以在他以後的投資史中得到體現。

巴菲特的合夥人投資公司是在一九五六年成立於他的家鄉奧馬哈，當時公司規模很小，只有7名成員。雖然當時大家僅湊了一萬零五百美元的啟動資金，但所有人已經竭盡所能。而巴菲特投入的一百美元，恐怕是其中最小的一筆。但就是如此，成就了日後叱吒股市的「股神」。不過，巴菲特的內心從未有人能真正瞭解，當初不能，現在也不能。此時的巴菲特考慮的並不是資金短缺的問題，此時此刻困擾巴菲特的是一種令人啼笑皆非的憂慮。在他給一位名叫傑利・奧蘭斯的朋友的信

中，巴菲特不無苦惱地說道：「我很害怕到最後自己的企業變得過於龐大，從而金錢會將我的孩子們腐蝕了，目前這還沒有成為一個問題，但是樂觀地來看，它是會發生的，我想了半天也沒有什麼結果。我敢肯定自己的確不想留給孩子們大堆的金錢，除非等我很老了，等我有時間看看這些孩子是否已經成才後再這樣做。然而，留給他們多少錢，剩下的錢該怎麼辦等諸如此類的問題，讓我大傷腦筋。」

這就是巴菲特，你可以說他異想天開，你可以說他不知所云，你甚至可以說這個狂妄的瘋子簡直莫名其妙。但是，有誰能比得過他的自信？在巴菲特看來，沒有不可能，只要我去做，那麼一定能成功。這或許可以解釋上述這些困擾的由來，因為它真有可能存在。

此時的巴菲特只有26歲，他和同齡人不同，他所要面對的是一個企業在創業之初接踵而至的一切問題。這些問題沒有一件是令人感到輕鬆愉悅的。一個應對失誤很可能讓巴菲特全軍覆沒，讓那少得可憐的啟動資金瞬間化為烏有。不過，這些似乎並沒有令巴菲特傷透腦筋。因為他的能力和自信足以應付這一切。

不要誤解這一自信，以為這是個狂妄的傢伙做出的狂妄舉動，是個初出茅廬的小夥子憑著一股「初生牛犢不怕虎」的莽撞所做的冒險之舉。

事實上，巴菲特的公司草創之初，他的這種看似過頭的自信心正是激勵他努力拼搏的動力，同時也是他贏得別人充分信任與有力支持的力量源泉。從現實出發，我們稍加分析就會得知，巴菲特要想改變命運，不只做一個奧馬哈的平凡股票經紀人，那麼他就必須擁有大量的資本。

然而，巴菲特並沒有深厚的家底，沒有值得依靠的背景。即使是妻子，也沒有可以為他提供幫助的金錢。因此，巴菲特要想成功，必須依靠自己的力量。那麼資本的來源似乎只有依靠籌集，可是除了他那令人驚愕的自信以外，還有什麼能使投資者信任他呢？還有什麼能使投資者把自己用心血積攢起來的血汗錢交給一個年齡比自己小很多的年輕人呢？要知道此前巴菲特沒有作為獨立操作的輝煌業績，他沒有任何業績可以說明他值得大家信任。而且他不僅僅要求能自由運用客戶的資金，他還想絕對地控制它。他不希望任何投資人過問他在股票上所做的決策。從這些情況來看，已不是客戶對巴菲特的什麼信任問題，而是巴菲特對客戶的近乎苛刻的要求了！不過，現實的情況就像巴菲特希望的那樣，客戶們心甘情願地任他所為。正是巴菲特內心深處的強烈自信和理性的規劃才使他得到了投資人的信任。

3．「謝謝，我寧願握著錢！」

有一次，有位他熟悉的服務生向已成為股神的巴菲特推薦一杯昂貴的紅酒（美國餐廳賣酒可賣一杯的），巴菲特聽了價錢，握著酒杯笑著說：「不用了，謝謝，我寧願握著錢！」於是，他就要了一杯平常喝的紅酒。

當然，巴菲特人格魅力中所特有的睿智與幽默，也是他得到蘇珊好感的另一個重要因素。

蘇珊一直認為巴菲特是她遇見過的最有趣的人。她說過：「他就像是一台彩色的電視機，而不是黑白的電視機。而大多數人都屬於後者。」

有這麼一段故事，足以輔證蘇珊的說法——

有一個人曾向巴菲特提問，可能由於面對的是知名人物，因而此人難以掩飾自己的緊張，聲音不僅出奇的小而且略帶顫抖。巴菲特顯然沒有聽清，但是他並未表現出不耐煩，反而溫和地要求對方重複一遍問題，儘管此人重複了三遍，可是他的音量絲毫沒有提升。最後巴菲特索性走到他跟前。

當巴菲特看到對方因緊張而變得手足無措時，馬上發揮了自己的幽默：「你們知道嗎，我有一個老同事，他已經84歲了，由於他聽力很差，因而要想和他交流必須請他先戴好助聽器。有一天我對他說，查理，你桌上有報紙嗎？他沒有反應。我只好重複了一次，你有嗎？可是他還是沒有反應。最後我走到他跟前，大聲地說：『你有嗎？』這次查理說話了，你們猜是什麼？他慢慢地說：『有的。我已經重複第三次了！』」

正是這番幽默的表述，緩解了在場的氣氛，使得那個人的緊張情緒得以放鬆。

巴菲特的幽默還體現在他平常的談吐之中。

——永遠不要問理髮師你是否需要理髮。

——投資人並不需要做對很多事情，重要的是要能不犯重大的過錯。

——架設橋樑時，你堅持日載重量為3萬磅，但你只准許1萬磅的卡車穿梭其間。相同的原則也適用於投資領域。

——如果發現自己已在洞中，最重要的事就是不要再挖下去。

——投資者成功與否，是與他是否真正瞭解這項投資的程度成正比的。

——重整旗鼓的首要步驟，是要停止做那些已經做錯了的事。

——有時成功的投資需要按兵不動。

——一位所有者或投資者，如果盡量把他自己和那些管理著好業務的經理人結合在一起，也能成就偉業。

——一個百萬富翁破產的最好方法之一，就是聽小道消息並據此買賣股票。

——風險來自你不知道自己正在做什麼！

——我從不打算在買入股票的次日就賺錢，我買入股票時，總是會先假設明天交易所就會關門，五年之後才重新恢復交易。

——我不會嘗試跳過7尺的柵欄，我只會尋找一些可以跨過的1尺欄桿。

——我只做我自己完全明白的事。

——通過定期投資於指數基金，那些門外漢的投資者都可以獲得超過多數專業投資大師的業績！

——如果開始就成功，就不要再另覓他途了。

——投資是一門蠢人都可以做的生意，因為終有一日蠢人都會這樣做。

——如果我們不能在自己有信心的範圍內找到需要的，我們不會擴大範圍，我們只會等待。

——股市是狂歡與抑鬱交替發作的場所，注意股市的目的只是想確定有沒有人最近做了愚蠢的事。

——就算美聯儲主席葛林斯潘偷偷告訴我他未來兩年的貨幣政策，我也不會改變我的任何一個作為。

——投資成功的關鍵是在一家好公司的市場價格相對於它的內在商業價值大打折扣時買其股份。

——必須要忍受偏離你的指導方針的誘惑，如果你不願意擁有一家公司十年，那就不要考慮擁有它十分鐘。

——我們歡迎市場下跌，因為它使我們能以新的、令人感到恐慌的便宜價格揀到更多的股票。

——貪婪或受了驚嚇的時候，他們時常會以愚蠢的價格買進或賣出股票。

——逆反行為和從眾行為一樣愚蠢。我們需要的是思考，而不是投票表決。不

幸的是，伯特蘭・羅素對於普通生活的觀察又在金融界神奇地應驗了：「大多數人寧願去死也不願意去思考。許多人真的這樣做了。」——在大眾貪婪時你要縮手，在大眾恐懼時你要進取。當人們忘記「2＋2＝4」這最基本的常識時，就該是脫手離場的時候了。

——恐懼和貪婪這兩種傳染性極強的災難的偶然爆發會永遠在投資界出現。這些流行病的發作時間難以預料，由它們引起的市場精神錯亂無論是持續時間還是傳染程度同樣難以預料。因此我們永遠無法預測任何一種災難的降臨或離開，我們的目標應該是適當的——我們只是要在別人貪婪時恐懼，而在別人恐懼時貪婪。

蘇珊與巴菲特熱戀時，巴菲特曾經問蘇珊的人生理想是什麼，蘇珊回答說是平靜地結婚。巴菲特詼諧幽默地說道：「那你應該是做好了非常充分的準備。」我們是不是可以這樣理解這對情侶之間的對話呢：

巴菲特：蘇珊，你的人生理想是什麼？

蘇珊：現階段，我只想著你來娶我。

巴菲特：我沒有問題，你是不是已經準備好了呢？

正是巴菲特的自信與幽默，俘獲了蘇珊的芳心，成就了這麼一段美滿的姻緣。

蘇珊和巴菲特有三個子女：大女兒蘇珊・巴菲特出生於一九五三年7月30日；大兒子霍華德・格雷厄姆・巴菲特出生於一九五四年12月16日；小兒子皮特・巴菲特出生於一九五八年5月4日。

巴菲特作為一名投資人無疑是非常成功的，而鮮為人知的是，作為父親，他也是非常成功的。巴菲特的三個孩子雖然沒有取得像他一樣耀眼的光環以及傲人的財富，但他們卻生活得非常幸福，且事業很成功。這對於父親而言無疑是值得驕傲的事情。

4·蘇珊失望地走出婚姻

雖然在事業上，如沐春風，得意非凡。但在家庭方面，卻產生了怨偶，曾經蘇珊對巴菲特的工作給予了大力支持，而巴菲特由於工作的原因，卻漸漸冷落了蘇珊（蘇珊是音樂家），這是導致巴菲特與蘇珊婚姻危機的直接原因。

那時，巴菲特的事業蒸蒸日上，他領導的《新聞晚報》與《信使快報》異常火熱。由於巴菲特的投資擴展到了整個美國，所以他需要在紐約、華盛頓、布法羅、奧馬哈之間飛來飛去，並在工作中結識了許多女性朋友——《華盛頓郵報》的掌門人凱瑟琳·格雷厄姆、《幸福》雜誌作家卡羅爾·盧米斯、魯斯·米舍莫爾、芭芭拉·莫羅等人。

巴菲特會很和善地對待每一位女性。在和他共事的大多數女性眼中，巴菲特的身上有一種吸引人的紳士魅力，而且這種紳士魅力會緊緊地抓住每一個女性。

對於巴菲特的這些女性朋友，蘇珊起初絲毫不感到緊張。雖然常常有人提醒蘇珊，巴菲特與凱瑟琳・格雷厄姆的關係非常密切，而且他在與女人的交往中消磨了太多時間，但是蘇珊對這些謠傳並不在乎，她只注重與巴菲特心與心之間的默契。蘇珊相信，在巴菲特的眼裡，她是最不可或缺的。

但是，兩個人的生活在20世紀70年代中期卻發生了巨大的變化。巴菲特的投資工作變得越來越繁重，他經常出差在外，再加上蘇珊不斷地聽到一些關於巴菲特與凱瑟琳・格雷厄姆的謠言，這使得本來非常平靜而幸福的婚姻生活失去了連貫性。

一九七七年4月，巴菲特與蘇珊為慶祝結婚25周年舉辦了一場紀念晚會，在晚會上兩個人卻極為低調，甚至都沒有在一起跳舞。這雖然只是一個小小的插曲，但是卻表現出兩個人的興趣差異。在婚姻方面，兩個人的表現很不協調。兩個人在家的時候，巴菲特會把大部分時間用在股票分析上，對於娛樂活動，巴菲特覺得那簡直就是在浪費時間。但是蘇珊卻是一個感情豐富的人，她需要丈夫的關愛、體貼與陪伴，但是在巴菲特看來，這顯得非常膚淺。因為在巴菲特的眼中，婚姻是不需要表現出親密的，只要兩個人心靈相通就足夠了。

一九七七年9月，結束了在奧菲厄姆的演出之後，45歲的蘇珊決定離開她的丈

夫，並且搬出了她曾經用心經營的在奧馬哈的家，在舊金山租了一套公寓，過起了單身的生活。雖然這時蘇珊並沒有與巴菲特正式離婚，但是她卻想過自由的生活，並遠離自己的家庭。對於蘇珊的這個舉動，巴菲特表現得就像一個失落的孩子，由於他一直沒有注意到蘇珊在感情上的變化，因此他對此毫無準備。雖然他極力地勸說過蘇珊，並且給蘇珊做了一些鄭重而深刻的許諾，但是蘇珊仍然義無反顧地離開了家，執意過單身生活。這使得巴菲特感到震驚、無助和失望。雖然他一直以來都認為自己深愛著蘇珊，並且感覺到由於自己的工作影響到了夫妻的感情，但是巴菲特卻沒有想到，會導致如此惡劣的局面。

巴菲特曾痛苦地對姐姐朵麗絲說：「25年來，蘇珊一直是我心中的太陽和雨露，現在我心目中的太陽和雨露在人間蒸發掉了，我以後該怎麼生活下去呢？」

巴菲特的三個孩子也因為母親突然離家出走而感到震驚。雖然他們知道父親一直都是工作狂，但在他們的眼中，父母是彼此相愛的。可就在此時，父母卻分手了，這對於他們來講，不能不說是一個痛苦的經歷。

最後，巴菲特與蘇珊進行了一次溝通，他希望蘇珊告訴他，為什麼會做出這樣的決定。蘇珊在電話裡告訴他說，她害怕一個人待在家裡的那種孤獨的感覺，所以她決定遠離那個家。

聽到妻子的回答後，巴菲特握著電話放聲痛哭。這是蘇珊所沒有想到的情況，哪怕是在巴菲特事業最艱難的階段，她都從沒看到丈夫掉下過一滴眼淚。但是，此時的丈夫卻像一個失落的小孩子一樣，失聲痛哭。於是，蘇珊安慰丈夫說，她離家出走只是想過自己希望過的生活，而這種生活家裡是永遠滿足不了她的，同時她離家出走，也只是為了調整心情，這會對夫妻的感情大有好處。

但是巴菲特認為，妻子離家出走，就是一種感情破裂的標誌，他甚至表示出對兩個人婚姻的憂慮。為了安慰巴菲特，蘇珊做出了一生的許諾：自己的離家出走，絕不是一種要求離婚的過渡。而且她也允許巴菲特給她打電話或是寫信，而且每年他們還可以一起外出旅行，並且像往常一樣參加聚會。

蘇珊也一再保證，他們仍是夫婦，以此打消巴菲特的疑慮。

此時，巴菲特才明白，無論自己做出多大的努力，也不可能讓蘇珊回到自己的身邊了，於是他陷入了一場孤獨而鬱悶的心理戰之中。他常常一個人待在家裡，迫使自己不去關心股市，不去研究上市公司的發展，不去思考投資與股票。但是這樣一來，他就像個遊魂似的，毫無目標地遊蕩在偌大的房子裡。

在這段婚姻危機期間，巴菲特的大女兒蘇珊回到了家中，陪著父親一起生活。在女兒蘇珊的身上，巴菲特看到了妻子的身影，他於是開始慢慢地走出了婚姻挫折帶來的陰影。

女兒的出現，給空虛的巴菲特帶來了安慰，他把給妻子的關心全部投入到了對女兒的關愛上來，而女兒也努力地呵護著心靈受傷的父親。

那段失落的日子裡，巴菲特經常拿著一個答錄機坐在陽臺上，而答錄機裡播放的則是妻子曾經演唱的歌曲。

蘇珊的離家出走也使巴菲特的親戚和朋友們感到驚訝。但是作為旁觀者，他們不知該如何去幫助巴菲特，因為這只是巴菲特夫妻兩人的感情問題，他們只能靜靜地看著巴菲特。

蘇珊剛搬到舊金山的時候，巴菲特會經常給她打電話，雖然只是談些無關緊要的話題，但這使蘇珊意識到自己的出走對丈夫的生活產生了很大的影響。於是，她常常鼓勵巴菲特尋找自己的幸福，她甚至建議奧馬哈有氣質的女人去追求巴菲特，雖然巴菲特知道這並不是蘇珊的本意。

5・阿斯特麗德上場了

為了不讓自己的丈夫每天以花生和爆米花為食，與巴菲特分居一年後，蘇珊做出了一個讓人驚訝的決定，她把自己認識的夜總會女招待（接待員）阿斯特麗德・蒙克斯介紹給巴菲特。

阿斯特麗德・蒙克斯曾經是蘇珊的同事。蘇珊在法國咖啡廳唱歌的時候，31歲的蒙克斯是法國咖啡廳的女招待。她是在蘇珊的鼓勵和默許之下走進了巴菲特的生活的。

起初，她只是為巴菲特做飯，但時間一長，她就不由自主地照顧起巴菲特的起居和其他方面。讓人驚訝的是，對他們這種進步，蘇珊卻十分支持。

比巴菲特小15歲的阿斯特麗德・蒙克斯出生於拉脫維亞，是一個性格開朗而溫順的女人。在很小的時候，她的母親就去世了，而她的父親根本沒有經濟能力把她養大，於是就把她送進了孤兒院。由於從小生活窘迫，長大以後的阿斯特麗德・蒙

克斯生活很節儉，她住在一個簡陋的小閣樓裡，而閣樓附近都是一些理髮店或是咖啡廳。她經常光顧舊貨店和二手商城，以減輕自己的經濟壓力。

阿斯特麗德・蒙克斯並沒有因為自己的經濟狀況而自卑，她經常穿著陳舊的大衣行走在時尚的大街上。她是個身材嬌小、面容美麗的女性，更為重要的是她很聰明並且對生活抱著樂觀的態度，從不會因為任何打擊而傷感。

在奧馬哈，阿斯特麗德・蒙克斯是一個善於交際而且懂得體貼他人的女性。她幾乎認識整座城市裡有頭有臉的人物，雖然交情不深，但是卻也能夠搭訕幾句。她也樂於助人，在朋友聚會的時候，總是樂於幫助主人到處張羅。

在蘇珊離開巴菲特一年之後，巴菲特允許阿斯特麗德・蒙克斯搬到自己家裡居住。巴菲特的這個決定，令他的孩子、親戚及朋友們非常吃驚。

當時，在奧馬哈有一個非常流行的傳言，那就是在蘇珊離家出走之後，巴菲特就不斷地去情色場所。但事實是，巴菲特與阿斯特麗德・蒙克斯一直保持著非常純潔的友誼，直到阿斯特麗德・蒙克斯搬進巴菲特的家中以後，兩個人才真正開始了感情交往。

生活中，開朗的阿斯特麗德・蒙克斯與巴菲特相處得十分融洽，而且兩個人擁有共同愛好，那就是購買廉價的東西——巴菲特喜歡購買價格低廉的股票，而阿斯特麗德．蒙克斯喜歡購買廉價的生活用品。

由於工作需要，巴菲特要經常出差，阿斯特麗德．蒙克斯便會精心地為巴菲特準備出差所需的物品，並且囑咐巴菲特在外面注意自己的身體。巴菲特不在家的時候，阿斯特麗德．蒙克斯喜歡待在他的書房閱讀巴菲特讀過的書，或是他寫過的文字。過了很長一段時間，阿斯特麗德．蒙克斯對股票和投資也產生了興趣，並在巴菲特的鼓勵和支持下，購買了伯克希爾—哈撒韋公司的股票。

每次巴菲特打電話告訴阿斯特麗德．蒙克斯回家的時間後，她總會把家裡收拾得非常乾淨，並親自下廚為巴菲特準備菜肴。在巴菲特每一次出差回來，阿斯特麗德．蒙克斯都會到火車站或飛機場去迎接巴菲特。

由於對巴菲特的愛慕，阿斯特麗德．蒙克斯在婚姻問題上從來沒有給巴菲特戴上枷鎖，也沒有要求過巴菲特娶她，因為她明白，在巴菲特的心中，唯一的結髮妻子就是蘇珊，而她在巴菲特的生命中，永遠都是第二位。

但是這沒有阻止阿斯特麗德．蒙克斯對巴菲特的愛慕和依戀。她甚至能夠允許巴菲特在耶誕節期間，帶著蘇珊和孩子外出旅行。而這種寬容與大度滿足了巴菲特的生活需要。

一直以來，阿斯特麗德・蒙克斯與蘇珊都保持著良好的私人交往。在蘇珊回奧馬哈的時候，她們還會一起做飯，並且與巴菲特共進晚餐。但是蘇珊從來不會在家中留宿，因為她認為三個人應該一直保持著非常友好的距離。

蘇珊曾經因為自己離家出走帶給巴菲特的傷痛而自責過，但是當她看到阿斯特麗德・蒙克斯盡心照顧巴菲特的時候，她總算是走出了自責的陰影。

在很長一段時間裡，有很多記者在採訪巴菲特的時候，都會提出這樣的問題：「您對這樣的婚姻有什麼看法？」巴菲特經常迴避這個問題，他表示他愛著每一個人，而且會對任何一個為他付出的女人負責。

曾經有一次，巴菲特實在無法迴避這個問題時，正面回答道：「如果你對每個人都很瞭解，你就會理解這種關係了。」

在很長的一段時間裡，巴菲特、蘇珊和蒙克斯三個人保持著十分親密的關係，在巴菲特家送出的聖誕卡上，總是簽他們三個人的名字。「無論貧窮富貴，只有死亡能讓我們分開」，這似乎讓人匪夷所思，但真正去瞭解這段故事，其中的愛情與友情真的很讓人欽佩與感動。

蘇珊在二〇〇四年7月29日去世，享年72歲。蘇珊死後兩年內，巴菲特一直沉浸在對前妻的追憶中。二〇〇六年8月30日，巴菲特才在生日宴上舉行了祕密的婚禮，與一直在背後默默支持自己的阿斯特麗德・蒙克斯結為連理。

巴菲特的巨大成功和蘇珊的支持是分不開的，也正是因為這樣，蘇珊在巴菲特的心目中佔有非常重要的地位。而也正是蘇珊的慧眼讀具，她挑選了阿斯特麗德・蒙克斯上場，代替自己照顧所愛的丈夫，讓巴菲特雖然擁有缺憾卻又不失為後來的幸福時光。

6·巴菲特的兒女

巴菲特似乎沒有考慮把遺產留給自己的子女，他的遺囑也證實了這一點。他將把自己超過三百億美元的個人財產捐出99％給慈善事業，用於為貧困學生提供獎學金以及為計劃生育方面的醫學研究提供資金。而據估算，如此巨額的捐獻需要大概二十年才能全部完成。

這一決定並沒有引發家族內部的戰爭，因為巴菲特的子女們很早就知道父親對於靠祖蔭而富的「二世祖」的蔑視。長子霍華德說：「我們早就清楚地知道我們將來繼承不了什麼錢。如果父親說，『你們每人每年可以拿到五千萬美元或者每人的基金會每年可以獲得五千萬美元』，我會選擇把錢放到基金會。如果你不把錢捐獻出去，你要拿五千萬美元怎麼辦？」

事實上，巴菲特對自己或家人是出了名的鐵公雞，也並不追求多麼奢華的生活，他住在六十年前買的老房子裡，開使用了多年的老牌林肯車，最常吃的食品是麥當勞和可樂；而在教育孩子上，巴菲特的三個孩子在成長過程中也並沒有從父親那裡獲得太多捷徑。

巴菲特的子女，都是與第一任妻子蘇珊所生，這些孩子非但沒有繼承巴菲特的事業，還被父親處處「碾壓」。有人說巴菲特是一個糟糕的，不近人情的父親，而他卻將投資方式用在孩子們身上，幫他們獲得了屬於自己的成功。

在孩子們還小的時候，巴菲特在家中裝了一台吃角子老虎機，專門吞吃他們的零用錢，巴菲特說每天晚上孩子們的錢就會進入自己口袋，這不僅控制了他們花錢的數額，還讓他們知道了賭博的危害。三個孩子還通過做家務賺取零用錢，巴菲特不希望他們不勞而獲。

巴菲特的三個孩子在學習上都不像父親那樣在行，想到父親是哥倫比亞大學經濟學碩士，畢業時拿最高成績A+，再看看自己在大學不了了之的經歷，三個孩子都常常感到慚愧。

女兒蘇珊從加州大學退學的；大兒子霍華德曾想做一名律師，先後念了三所大

學，但都沒畢業；小兒子皮特考上史丹福，為了證明自己曾花一年半時間修完20門基礎課，但還是因為興趣不大半途而廢了。巴菲特對此也很寬容，他從不覺得自己會因此丟掉面子，反而鼓勵孩子去追求自己真正喜歡的東西。

人總是很難搞清楚自己的真實興趣所在，巴菲特的大兒子霍華德在找尋人生理想的過程中也經歷了好一番折騰。他退學後給人挖過地窖、幫別人種玉米、當建築工人，在老爸旗下的一家公司做停車場收費員，競選過公職，在小城的管理委員會呆了四年，最後才終於找到了今生最愉快的事業——做一個農民。

為了買下一個農場，霍華德開頭向父親借錢，但是一向原則分明的巴菲特卻跟兒子達成一筆交易：買農場可以，但是我的農場是租給你的，你必須按時交付租金，否則就收回農場。而且為了刺激兒子減肥，巴菲特還要收取農場收入的22%或26%，兒子減肥效果好，收的錢就少。

現在霍華德在內布拉斯加和伊利諾州擁有一千九百英畝的農場，早已靠自己的能力開創出了事業。

巴菲特的小兒子皮特曾想過做金融，反正有父親這棵大樹撐腰，一定不會差到哪裡，但是看了父親的報表後，他意識自己沒有這方面的天分，轉而從事音樂方面的工作去了。

其實皮特的強項是音樂，這是從母親那裡遺傳來的，他的鋼琴從小就彈得非常好。他去舊金山提供錄音服務，每小時賺35美元，可生意不太好，生活很拮据，後來皮特成家後想跟父親借錢買房子，也被巴菲特一口回絕。

堅持做音樂之後，皮特終於有了名氣，他再次找父親，希望他出資幫助自己辦一場音樂劇《魂》的巡迴演出，但巴菲特說：我只借你10％，剩下的90％你找別人吧。後來皮特四處籌錢做成了巡迴演出，再後來出了很多音樂專輯，還拿了葛萊美獎。巴菲特出現在兒子的音樂現場時，輕描淡寫地說：「我是來看看我的鋼琴課投資，得到了什麼。」

向父親借錢被拒也同樣出現在女兒蘇珊身上，當年她只是想花4萬多美元改造一下廚房，就遭到了巴菲特無情的拒絕。後來蘇珊嫁給了一名律師，現在是家族的慈善基金會的管理人。

對自己和孩子都這麼苛刻的巴菲特，卻在慈善事業上為孩子們以及年輕人樹立

了榜樣，二〇〇六年，他宣佈捐出個人85%的財富，得到了子女的支持。巴菲特還曾給每個孩子分10億美元，要他們建立自己的慈善基金會，而這時候「孩子們」都已50多歲了。

其實金錢不是表達愛的最好方式，巴菲特教會子女的，是如何憑自己的能力過上想要的生活。現在霍華德為慈善事業常年遊走在索馬利亞、中非共和國等窮困地區，走遍非洲54個國家；他被人拿槍指過，也被逮捕和扣押過，還拉上自己的兒子一起去冒險；他也利用自己在農業上的知識為當地人民提供農業生產建議。而皮特也通過基金會把工作重點放在了反對家暴和歧視貧困家庭女孩等方面。

巴菲特也做慈善，但是這次他終於承認子女比自己強，他說換成自己的話，是受不了長期在像非洲那樣的環境中生活的。

巴菲特說，有時你給孩子一把金湯匙，說不定是把金匕首，所以他不讓孩子進入家族企業，而是要他們自己賺錢追求夢想。於是我們看到，身為父親，在教育子女方面巴菲特同樣成功了。

第三章

怎樣投資——當然從存錢開始

I・給年輕人的投資忠告

做你沒做過的事情叫「成長」。
做你不願意做的事情叫「改變」。
做你不敢做的事情叫「突破」。

——巴菲特

在巴菲特的投資理念中，有一條容易被人忽視，但往往也是最實用的原則，那就是存錢並投資。在巴菲特看來，投資是積累財富最好的方式，而籌集到足夠的資金則是進行投資的前提。他建議人們要將存錢當成人生的重要工作來對待，因為存錢是為了積累原始資本，有的人沒有錢也會進行投資，巴菲特不喜歡這樣，他覺得借貸並不是一個明智的做法。

在現實生活中，許多人都是月光族和超前消費的擁護者，平時會將大部分的薪資以及獎金花掉，這些人基本上沒有什麼存錢的計畫和意識，對他們來說，生活就是一個周而復始的簡單循環：「掙錢——花錢——接著掙錢。」什麼時候錢花完了，自然就有了繼續掙錢的動力，或者說錢花掉了可以繼續以借貸來花錢。這些人有一個共同的生活危機：當生活遭遇困難的時候，很可能拿不出一分錢來救場。

巴菲特給年輕人的建議就是存下一筆錢，然後盡早開始投資，存錢使得人們可以在財務上擁有更多的主動性，投資的目的是讓財富得到增值，及早投資則是確保投資者能夠在時間上擁有優勢，比如可以更好地借助複利實現財富的增值，畢竟一個人從20歲就開始投資積累財富，要比一個在50歲開始投資的人更具有優勢，複利會在時間的作用下發揮出更大的作用。聰明的人不會等「雪球」滾到半山腰或者快到山腳的位置才出手，這樣只會讓山坡變短，而受益自然也會減少。

正如查理・芒格說的那樣：「累積財富如同滾雪球，最好從長斜坡的頂端開始滾，及早開始，努力讓雪球滾得很久。」

在這裡，存錢和投資是緊密聯繫的，同時也是可以獨立出來進行分析的。

2．那麼應該如何存錢，又該如何投資呢？

在存錢方面，投資者需要注意一些基本原則和方法：

第一，**養成記帳的好習慣**——每天都要將自己的開支記錄下來，看看自己究竟把錢花在哪裡了。人們可以設定一個帳本，將不同類型的花銷記錄在冊，看看自己哪個地方花錢最多，哪個地方可以進行改善，哪個地方可以選擇不花錢。盡量減少一些不必要的開支，減少奢侈消費的比例，提高；資本的使用價值，並確保可以存錢。巴菲特住的是幾十年前的老房子，開的是最普通的車，用的是價值20～30美元的三星U320的超實惠平價手機，而且他也從來不會花錢洗車，吃的也是一些非常簡單、便宜的食物，漢堡和可樂是他的最愛。他會認真做好消費記錄，並且確保自己不會在不值得花錢的地方花錢。

第二，**形成更加靈活的消費模式**——要根據自己的收入來調整開支。簡單來說，人們的收入通常都不是固定的，對於投資者來說更是如此，為了確保自己的生

活開支不會受到收入的影響，就需要及時進行調整，收入高的時候可以適當提升消費比例，當收入下降時，可以通過降低消費來保存資金。巴菲特曾經說過，自己每天早上都會購買漢堡，如果股價下跌了，就會選擇便宜一些的漢堡，如果股價上漲，就會買貴一些的漢堡。在投資領域也是如此，當行情不好的時候，他會減少投資，盡量保存現金。當行情不錯的時候，他會選擇一些優質項目進行投資。

第三，**要設定一個儲蓄帳戶**——每隔一段時間就要按照特定的比例存錢（比如每個月拿出工資裡的20%用於存儲），或者設定一個固定的存儲金額（每個月拿出二千元存儲），這是一個強制性的儲蓄措施，即便自己身上的錢不多，也要想辦法在其他方面減少開支，把錢存下來。當人們能夠約束和強迫自己每個月存下一筆錢的時候，原始資本的積累會更加順利。

當存好錢進行投資時，則要注意投資的態度和投資的方法，投資態度主要是說人們要養成投資的習慣，而不是單純為了存錢而存錢，不是為了把錢裝進口袋裡，存錢的目的是積累投資的資金，因此對於存下來的資金要進行合理的規劃和分配，確保這些資金可以發揮出「錢生錢」的功效，要確保借助原始資本來擴大收益。

因此人們要建立起理財意識，不要總是想著如何存錢，通過存錢永遠也無法變富，最合理的方法就是想辦法進行投資，炒股、購買基金、購買保險、進行商業投資、從事地產生意，這些都屬於投資。

不要將儲蓄當作唯一的理財方式，如果對自己的投資缺乏信心，可以先拿出其中一部分錢進行投資，通過這種嘗試慢慢積累經驗。

投資要趁早，強調的是把握複利的時間要素，簡單來說，就是盡量延長那個用來滾雪球的斜坡，但及早投資並不意味著隨隨便便就找個項目投資。第一、投資人要重點抓住具有成長空間的優質項目，只有這一類優質項目才可能帶來高額回報。第二、投資人要及早學習投資知識，確保自己的投資可以更加順暢。第三、及早投資應該循序漸進，不要過於冒險和激進，必須經歷一個從小到大、從少到多的過程，投資人可以先選擇一些風險較低的項目，哪怕收益低一些也沒關係。

對於投資者來說，建立更加出色的、完整的理財意識至關重要，只有培養起存錢意識和及早進行投資的意識，才更有機會實現財務自由。

3．巴菲特不為人知的10件事

雖然「一千人眼中有一千個巴菲特」，可能你無法準確說出巴菲特的投資歷程或伯克希爾—哈撒韋的公司框架，但有一個共同點不變：巴菲特說過的每一句話都能「上頭條」，每個人都樂於聽取他對經濟、金融、商業和投資的建議，還有人願意付出上百萬美元與他共進午餐。

巴菲特的財富很耀眼但並不逼人，他給公眾留下的第一印象往往是個「慈眉善目、樂呵呵的老爺爺」。這反映出巴菲特的形象塑造之成功，雖然他10歲就立志要「儘快致富」，但實現理想後衡量成功的指標轉為了「被多少人喜歡」，並認為最好方法是在不激起嫉妒心的前提下「保持可愛」。而他靠投資致富的途徑，又似乎比其他世界級富豪通過創業或參與實業等方式更易模仿。

巴菲特目前還是伯克希爾—哈撒韋投資公司的主席兼CEO，以知名人士而言，巴菲特算是一個不會製造神話的人，雖然一路走來十分平實，但也有幾件不為人知的事，讓人津津樂道哩！

一、巴菲特送報不是因為貧窮

巴菲特小時候做過報童的經歷被人樂道，股東大會在二年以前的慣例項目是與巴菲特比賽扔報紙，正是模擬他少年時期共送過50多萬份報紙的經歷。

但不要誤會，巴菲特送報紙並不是因為貧窮。從開小賣部的爺爺輩開始，他家就算是殷實的中產階層，父親在當選美國共和黨籍眾議員之前經營股票券商業務。

巴菲特從6歲起就騎著自行車在社區送報紙，這也是紙媒興盛年代很多美國人童年的共同經歷，就像現在美國兒童在社區沿街賣冰鎮檸檬水一樣，是家長培養孩子自立自足的第一步——金錢要靠努力工作來取得（這比東方人在口頭上教孩子「怎麼耕耘，怎麼收穫」還管用吧！）——但可能只有巴菲特等少數人將送報紙當成了一門生意來經營，這種觀念與巴菲特的家庭教育不無關係。

二、巴菲特的人生觀被一支雪茄改變

由於居住在美國中部的小城奧馬哈，巴菲特的父親在每個孩子10歲時會帶他們去美國東海岸旅行。一九四〇年正值「大蕭條」的餘溫仍在，小巴菲特在紐約與紐交所駐場交易員At Mol共進午餐。

午餐結束後，有銷售員托著一盤菸草走來，為Mol當場製作了一個由他親自挑選菸葉的雪茄。這一舉動深深迷住了童年的巴菲特，也與紐交所外被經濟危機影響的世界形成了鮮明對比。這讓他立志要「儘快致富」，例如——我要在35歲之前賺到一百萬美元。

事實上他做到了。憑藉送報時搭售日曆、可樂、口香糖等小商品，與小夥伴一起經營租賃角子機，販賣二手高爾夫球，在奧馬哈周邊「置業」、買下40英畝農場等小生意，巴菲特在16歲高中畢業的財富已相當於現在的5.3萬美元。不過，少年時的巴菲特也做過投機生意。

三、巴菲特少年時三次「投機」失敗

巴菲特高二時與朋友Don Danley經營租賃角子機生意，這其實是一次投機選擇。在花25美元買了一台舊機器後，巴菲特主動要求與Danley聯手，後者負責維修機器，他則對奧馬哈理髮師Frank Erico自稱是代表威爾遜角子機公司來「談合作」的，一年後他將發展到8台機器的「威爾遜公司」轉手賣了一千二百美元。

但他的「賽馬經」生意沒有成功。已於一九九五年歇業的Ak-Sar-Ben跑馬場曾是奧馬哈小城的賽馬勝地，由於年齡小不能下注，巴菲特就帶領小夥伴撿掉在地上的賭馬票，再利用數學能力推算勝率，製成賭馬小報《小馬倌精選》，每份僅售25美分，非常暢銷。不過因沒給馬場「交號子錢」很快就被驅逐了。

事實上，少年巴菲特第一次選股也沒有成功。他在11歲時買入了希戈石油（CITCO）公司前身的3股優先股，每股買入價38美元。結果該股跌了30%，巴菲特在漲回40美元時匆忙賣掉了。幾個月後，這家公司的股票漲至200美元，巴菲特首次試水「折戟」可能是觸發他學習價值投資的契機。

巴菲特青年時最大的一次「投機」失敗，莫過於申請哈佛商學院被拒絕。巴菲特自己也承認，想去哈佛讀研究生是看中了無法憑自學帶來的東西：人脈與名望。憑藉在奧馬哈小城的經驗，他在面試時大談自己的股票投資經，以為可以如往常一樣「鎮住全場」，結果被面試官給刷了下來——他們拒絕了巴菲特。

巴菲特回憶道，當時雖然他20歲了，但看起來像16歲，情感上像19歲。被哈佛拒絕，成為巴菲特的「人生轉折點」，他不僅在21歲時花了一百美元去上了戴爾·卡耐基的公眾演講課，還在後來的母校哥倫比亞大學教師名單上發現了班傑明·格雷厄姆的名字，而他在19歲剛拜讀完《聰明的投資人》一書。

經歷過「速買速賣」的倒手生意，品嘗過「盲目追求」哈佛大學名氣的失敗滋味，巴菲特在當時不為培養世界領袖，而願意務實教授學生一門「手藝」的哥倫比亞大學結識了第一位導師，開始走上價值投資的「正路」。但他在投資早期也不是一帆風順，未來的岳父甚至還預言過他會一敗塗地呢！

四、巴菲特被岳父預言將一敗塗地

巴菲特不走尋常路的特質在青年時期就展現了。由於高中畢業時，他已經「相當有錢」，他在17歲進入華頓商學院待了兩年後不喜歡賓州大學，又轉學回了家鄉奧馬哈的州立大學，並在19歲時取得商業管理學士學位，次年被哈佛大學拒絕後，轉而進入哥倫比亞大學。

巴菲特父親是非常傳統的共和黨人，也是堅定的自由派，反對當時羅斯福政府為帶領國家走出大蕭條的社會項目，擔心政府「看得見的手」介入經濟事務不符合美國憲法精神。他曾在一九四八年撰文稱貨幣必須建立在黃金的基礎上，以求獨立於政治家的意志，巴菲特恰恰認為黃金不適合長期持有。

或許由於青年巴菲特的思想傾向於民主黨，又或許由於他太「掉進錢眼裡」，未來岳父曾在一九五一年巴菲特求婚成功後直白表示：「你將來一定會失敗的，可能我女兒會餓死，而你會進監獄。」岳父悲觀預言的主要理由之一是當時民主黨掌握了美國政府，但可能也與不看好巴菲特未來致富計劃有關。

五、伯克希爾是巴菲特最愚蠢的投資？

巴菲特在一九五一年的投資確實不太成功。除了在父親的券商公司當股票經紀，同時尋求為導師格雷厄姆工作的機會，巴菲特與朋友合買了一座Sinclair旗下的加油服務站，甚至週末親自為別人洗車。但面臨街對面德士古（Texaco）公司加油站的激烈競爭，結果損失了二千美元，占當時積蓄的20％。

有人分析他時，說他主動經營企業但失敗，可能導致了巴菲特日後轉向更為被動的管理風格，例如對伯克希爾—哈撒韋公司。但伯克希爾也曾被巴菲特稱為是「買過最愚蠢的股票」。

巴菲特從一九六〇年起逐步增持伯克希爾的股份，該公司當時是個陷入困境的紡織廠，無法與便宜的海外產品競爭。這似乎違反了巴菲特投資公司「護城河要深、價值要高」的原則，也可能他一開始就不是為了長期持有。一九六四年，伯克希爾時任CEO Seabury Stanton原定要以11.50美元每股的價格，從巴菲特手中買回股份，但最後談成的價格降至11.375美元。

這令巴菲特很生氣，於是大舉加倉奪過公司控制權，並開除了這位CEO。但前幾年巴菲特對財經媒體CNBC表示，自己當年一時賭氣，給的價格太高了。如果當時買入一個好的保險公司，而不是花大價錢買垂死的紡織企業，他的控股公司會比現在價值高兩倍。

事實上，巴菲特在接過伯克希爾控制權後，逐漸剝離了紡織製造業務，開始買入《華盛頓郵報》等媒體資，以及美孚石油和Geico汽車保險公司等股票，最著名的莫過於一九八〇年代末開始建倉可口可樂，令13億美元的成本翻倍成價值1650億美元的持倉。這也佐證，當年買下紡織公司似乎一開始是錯了。

六、巴菲特是吝嗇、還是有舊物情節？

投資界一大未解之謎，恐怕是還在用諾基亞翻蓋手機的巴菲特，為何開始投資並不斷加倉蘋果公司。當然這是個笑談，但足以證明巴菲特是個別具風格的富豪。他曾在二〇一三年接受CNN採訪開玩笑稱，這個翻蓋手機還是電話的發明人貝爾所贈，不過他的舊物確實在20到25年後才扔掉換新的。

巴菲特還被人津津樂道的一點是，他喜歡自己開車，甚至去機場接送好友比爾・蓋茲夫婦。但你可能不知道的是，巴菲特還喜歡買「翻新二手車」。他的女兒蘇珊曾在BBC紀錄片中透露，巴菲特只買降價車，例如被冰雹砸過後的處理車。巴菲特曾在二〇一四年對《富比士》表示，自己一年只開3500英里（約合5600公里），因此不需要常買車又換車，因為汽車只會貶值。

巴菲特省錢起來簡直不像個億萬富翁。蓋茲在二〇一七年回憶稱，有一次與巴菲特去香港出差，巴大老闆竟然從錢包裡拿出幾張優惠券買麥當勞吃，而他的這個錢包已經使用20多年了。為其寫過自傳的Roger Lowenstein透露，巴菲特的孩子的搖籃床和嬰兒車要麼是用大衣櫃抽屜改造的，要麼是用借的。

巴菲特也不喜歡買名牌的皮夾（錢包）和設計師西服。他十幾年都穿大楊創世股份有限公司董事長李桂蓮設計的西服，據稱已經擁有了20幾套。當然，這背後的小祕密是：巴菲特的西服都不用自己買。據CNBC爆料，二〇〇七年一開始穿也是李桂蓮女士（Madam Li）主動贈送的。

七、巴菲特不僅會上網，每週還上網打橋牌

有外國投資愛好者網站特意整理了「跟巴菲特學11個省錢妙招」等攻略，大意就是上述幾個要點，例如別常換車、別老追求最新鮮科技、學會舊物妙用等。此外還要加：擁有幾個負擔得起的愛好。例如，巴菲特喜歡打橋牌和彈奏烏克麗麗，這些玩意就是普通人也能玩得起的。

不過，這種描述一開始就為巴菲特設定了「搞不懂科技」的「人設」，因為他喜歡做的都是線下娛樂。媒體上流傳的獵奇趣聞也大多是：巴菲特辦公桌上沒有電腦、巴菲特一生就發過一封電郵、巴菲特終於在二〇一三年開設推特帳戶但沒關注任何人、巴菲特不玩科技玩橋牌等。

事實上，巴菲特不僅會上網、也會發電郵，一周還至少四次在線玩橋牌。他和比爾・蓋茲每年都會參加線上的橋牌錦標賽，蓋茲的網名是Chalengr，巴菲特則取名最喜歡的T骨牛排「T-Bone」。

教會巴菲特上網打橋牌，並能每週四次、每次兩小時對弈的，正是世界級橋牌選手、富國銀行前高管Sharon Osberg。她也成為勸服巴菲特買電腦的「第一人」，

此前連蓋茲都沒能說服他。Osberg今年將按慣例在伯克希爾股東大會後的周日早午餐會，與巴菲特和股東打橋牌娛樂。

而巴菲特基本不發Email，恐怕與以前的經歷有關。據稱他一生只給好朋友兼微軟前高管Jeff Raikes發過一封電郵，那是在一九九七年，當時Raikes認為微軟符合一個完美企業的定義，但巴菲特列出了所有不喜歡使用微軟的理由。這封電郵卻成為美國司法部從一九九七年起調查微軟反壟斷案的證據之一。

八、巴菲特96％的財富來自60歲以後

據富比士統計，巴菲特目前的淨個人財富約為846億美元，在亞馬遜CEO貝索斯和比爾‧蓋茲之後，位列全球首富榜第三位。但巴菲特在50歲以後才成為億萬富翁，99％的淨身家都是50歲以後才取得的。

據CNN統計，巴菲特「如願」在30歲那一年成為百萬富翁，當時美國家庭的平均年薪（一九六〇年）僅為5600美元。40歲剛出頭的巴菲特也遭遇過財富危機，43歲的淨身家為3400萬美元，到44歲時因美股慘跌（一九七三—一九七四年股災）

降至1900萬美元，但一九七〇年代末重新邁向億萬的門檻。

50歲時，巴菲特的淨財富已經上億，在56歲（一九八六年）成為了「十億富翁」，60歲之前淨身家達到38億美元，當時美國普通家庭的中位數年薪約為2.49萬美元。從60歲起，巴菲特的淨身家與伯克希爾股價「齊飛」。與當前身家值對比，可知巴菲特近96％的財富在60歲以後才擁有。

還有兩個有趣的數字分享：（1）據CNBC，二〇一三年巴菲特每日能賺3700萬美元，比當年好萊塢片酬第二高的女星「翹臀珍」珍妮佛・羅培茲一年的薪水還高（3400萬美元）；（2）如果一個普通人在一九六四年對伯克希爾股票投資了1000美元，現在一股的價值至少為1160萬美元。

九、巴菲特已在預言股市將迎來深跌？

有細心的美國投資愛好者發現，巴菲特在二〇一七年致股東信中就透露出了對市場的悲觀預期。華爾街見聞援引的致股東信全文顯示：

「伯克希爾副主席、我的搭檔芒格（Charlie Munger）和我都預測，受目前美

國經濟疲軟的影響，現階段伯克希爾—哈撒韋的實際收益將會有所下跌。與此同時，儘管公司在美國市場投資的大部分企業都業績良好，但包括保險在內的一些大型投資對象都會出現收益下降的情況。」

伯克希爾二〇一八年致股東信則透露，截至二〇一七年底，伯克希爾持有的現金及其等價物高達1160億美元，同比增長35％，可買下標普500支成分股中465個企業的任意一個，有分析認為，這似乎說明巴菲特嗅到了市場由盛轉衰的訊號，此前美股估值過高時，巴菲特也曾一年不做一筆投資。

二〇一八年股東信還別出心裁地援引了英國諾貝爾獎獲得者詩人吉卜林寫於一八九五年的詩《如果》（這首詩當時是吉卜林寫給12歲兒子的勵志詩），這也是巴菲特在每次股市出現深跌時最愛引用的箴言，認為沒被債務纏身的人會取勝：

「如果所有人都失去理智，你仍能保持頭腦清醒；
如果你能等待，不要因此厭煩，
如果你是個愛思考的人——光想會達不到目標；
如果所有人都懷疑你，你仍能堅信自己，讓所有的懷疑動搖；

你就可以擁有一個世界，這個世界的一切都是你的。」

十、巴菲特是大慈善家

事實上，巴菲特除了是一個投資大師外，還是一個慈善家，很久以前他就建立了慈善基金，每年捐贈大量的資金，幫助那些需要幫助的人們。二〇〇六年6月25日他甚至宣佈將把自己的大部分財富捐給五家慈善基金會。按照當時紐約股市的股價計算，巴菲特打算：捐出的股份總價值約為370億美元，占他個人總財富的80％以上，創美國有史以來個人慈善捐款額之最。巴菲特和夫人（蘇珊）早有約定，那就是「兩個人中最後去世的那個人，一定要把伯克希爾－哈撒韋公司的股票全部留給基金會」。這些年來，基金的年增長率已達到25％－30％。「在我去世後，我想未來的社會可能較現在會存在更嚴重的問題。到那時，整個社會從我去世後所留下的錢中獲得的益處，遠比我現在做的要大得多。」這位凡事出人意表的大富豪又一次震驚了世人，難道他的兒女們從父親那裡得不到任何遺產嗎？

其實，早在很多年以前，巴菲特就對自己的子女明確表示：「如果能從我的遺

產中得到一個美分，就算你們走運。」巴菲特是一位嚴父，但也稱得上是慈父。他身體力行地教育著自己的孩子。並不時告誡他們說：「那種以為只要投對娘胎便可一世衣食無憂的想法，損害了我心中的公平觀念。」巴菲特說這番話的時候，正值公司召開股東大會，當時一萬五千名股東聽罷後會場中響起了一片經久不息的掌聲。巴菲特接著說：「我的孩子們也在這裡！他們是不是也在鼓掌？」

是的，三個子女沒有讓巴菲特失望，他們都是自食其力的人。儘管在妻子的勸下，巴菲特曾給兒子霍華德買了家農場，但是霍華德必須按期繳納租金，否則即收回。長子霍華德是個攝影師，不過他似乎更願意當個農民。小兒子彼得是音樂家。大女兒蘇珊雖然是家庭主婦，但也絕非整天無所事事的闊太太。儘管們的父親的資本不斷地飛快增加，但這並沒有打亂他們的生活節奏，他們每天普通人一樣工作生活，平靜而滿足。

第四章

怎樣從巴菲特身上學到東西

I・從一個球童身上學到的東西

如果你打了半小時牌，仍然不知道誰是菜鳥，那麼你就是。

——巴菲特

在有一年致股東的信中，巴菲特講述了自己的英雄偶像傳奇球童埃迪的故事：「在企業管理上，我的偶像是一個叫做埃迪・貝內特的球童，一九一九年，埃迪才19歲，進入芝加哥白襪隊開始球童生涯，結果那一年白襪隊就打進世界棒球大賽決賽。第二年埃迪跳槽到布魯克林道奇隊，結果道奇隊當年就贏得了一九二〇年美國職業棒球大聯盟冠軍。可是我們這位傳奇球童卻嗅出苗頭不對，於是再次改換門庭，一九二一年轉到紐約洋基隊。結果洋基隊當年馬上贏得隊史上第一座美國職業棒球大聯盟冠軍杯。」

「這次埃迪不再跳槽了，這個精明的小傢伙好像知道未來會發生什麼，從此安安心心一直待在洋基隊。後來七年裡洋基險次贏得美國職業棒球大聯盟冠軍。可能有人會問，這跟企業管理有什麼關係？埃迪告訴我們一個非常重要的成功秘訣：想要成為贏家很簡單，就是和贏家在一起。例如，一九二七洋基隊進入世界大賽八強，當時是傳奇巨星Ruth和Gehrig帶領洋基隊打遍天下無敵手。根據球隊隊員投票決議，埃迪分到七百美元的獎金。七百美元！在一九二七年可是一筆大錢，相當於球童為一般的球員工作整整一年的收入。可是埃迪拿到這七百塊錢，只用了四天，因為洋基隊四連勝橫掃對手。埃迪非常明白，如何拎球棒並不重要，重要的是給誰拎球棒，一定要和球場上的頂尖高手緊密聯繫在一起。我從埃迪身上學到了這個成功秘訣。我管理伯克希爾公司，總是把球棒遞給美國企業界最優秀最重量級的打擊手。」

人人都能打球，但只有極少數人有天賦有能力有實力成為職業球員。但是人人都能當球童，給職業球員拎包拎球棒。其實給冠軍球隊超級巨星當球童，和給三流球隊普通球員當球童，幹的活基本上沒有任何差別，但收入卻有天差地別，球童最明白這個道理。

在人生旅途中，和大贏家在一起，工作輕鬆得多，收入卻高得多。球童埃迪的故事告訴巴菲特——最重要的不是做對事，而是跟對人。

這個小故事說明了一個事實：好的單位，好的公司，後面是個好團隊，帶領這個團隊的是超級明星管理人。給這個超級明星帶領管理人的超級明星團隊工作，相當於球童埃迪給超級明星帶領的超級冠軍球隊當球童，儘管做的都是人人能做的普通工作，卻能得到遠遠超過一般人的收入水平。

如果你有天賦有能力，好好努力，爭取成為超級明星，大把銀子等著你。但是我們大多數都是普通人，別說超級明星，甚至連個專業級球員都當不上。沒關係，人人都能當球童，我們也能當球童。但是，你要明白，最重要的不是如何當好球童，而是給誰當球童。從金錢的角度來看，是很有道理的。

無疑，我們從巴菲特後來的投資之道中可以看到，巴菲特從埃迪身上學到了投資成功的秘訣，那就是一定要給美國最成功的超級明星公司「當球童」，與贏家在一起，才能讓你賺得更多的錢，並且沒有任何風險。再回到球童身上來，在球童眼中，只要自己選對冠軍球隊，和超級球星們在一起，只需要撿撿球就可以等著跟冠軍隊員們一起分獎金。

巴菲特當然也這樣想，想要做投資，只要選對好公司的好股票，和超級明星股在一起，就等著公司業績上升、股價上漲吧。

在生活中，以前我們能經常聽到有些女人說「幹得好，不如嫁得好」。但這話經過現代社會變遷的實踐已被證明早就走樣的了，但用在股票投資上，「幹得好，不如選得好」絕對是有一定道理的。

如果一個投資者選對了一家好公司的股票，或者是多家好公司的股票，那麼，他可以什麼都不用做，只要拿著股票就行了，就會得到好幾倍甚至好幾十倍的投資回報。這些股票賺來的錢，甚至會大大超過一個普通人上班十幾年的工資。

巴菲特說得對，在股市賺錢容易，賠錢更容易。想當贏家，就要與贏家在一起。想當股市贏家，就要與超級明星股在一起。由此可知，投資要賺錢選股是關鍵。要想投資業績直線上升，在選股時就必須做到與眾不同。要想投資業績超出他人，你的選股就必須卓然出眾。我們選股的標準越高，我們的投資業績才能越高，只有選擇超級明星公司，才有可能找到超級明星股。

其持股三年以上的22支股票總共賺取了320億美元，其中7支重倉股票僅投資42

億美元，卻賺取了280億美元，投資收益率近7倍。

還是上面所提到的，巴菲特在選股票時就如同在選妻子，他只選擇那些有一流業務、一流管理、一流業績的超級明星股。也許有人會問，如此高標準、嚴要求，能找到幾支超級明星股？也正如巴菲特所說的那樣，符合「三個一流」標準的超級明星公司實在太少了，「在相當長的時間裡，你會發現只有少數幾家公司符合標準。」

也許，這在別人看來是少之又少，但巴菲特卻不嫌少。倘若一個人有一百個老婆，但卻都是潑婦，而另一個人雖然只有一個老婆，可卻是溫柔似水的賢妻良母，你願意選擇做前一個男人還是後一個？巴菲特願意做後一個。

巴菲特是個極力反對分散投資，主張集中投資的高人：「不要把所有雞蛋放在一個籃子裡，這種做法是錯誤的，投資應該像馬克·吐溫建議的那樣，把所有雞蛋放在同一個籃子裡，然後小心地看好這個籃子。……我們的投資僅集中在少數幾家傑出的公司身上。我們是集中投資者。」

這似乎不符合我們的生活常識，因為選擇得越多，成功的機會越大。但常識也告訴我們，常識未必是對的。在巴菲特看來，精選有兩大理由：第一、選擇越少，

反而決策越好；第二、選擇越少，反而效果越好。

巴菲特認為選擇越少越好，當然有他獨到的見解。首先是，選擇越少，決策越好。可供選擇的越多越好，但是多到一定程度，就會適得其反。當一個人去買一件東西的時候，可能會發現，如果這個東西的類別太多，他就會面臨特別多的選擇，其結果就會眼花繚亂，這個不錯，那個也差不多，選擇起來居然變得難了。科學實驗同樣表明，選擇太多，反而不好。

想要更好地做出選股決策，首先要把選股數量限制在少數股票上。這是任何人都知道的一個投資道理。要想限制選股數量，就要高標準、嚴要求。巴菲特就是按這種高標準嚴要求，選出7支股票，之後做出投資決策反而很容易，其中包括可口可樂、吉列、華盛頓郵報這些好公司。而很多投資者在選股時，沒有嚴格的標準，聽別人的建議，選了這個，覺得那個更好，不專一，結果選擇是多了，卻不知應該重點選哪一個。

巴菲特將這種理念概括為：選擇越少，業績反而越高。這就是我們經常說的「質量勝過數量」。只要你像巴菲特一樣精挑細選，你選的股票中就可能出現一個超級明星股。明星股就意味著你能賺到大錢。在巴菲特的股票投資中，其所選的7

支超級明星股，只投資了40多億美元，就賺了280多億美元，占了他股票投資總盈利的九成左右。可見，1支級明星股，勝過100支甚至100支以上的垃圾股。

那麼，是不是選得越少越好呢？巴菲特選了7支也不見得少，當今法律也使人們對選妻很是謹慎，不能選擇太多。而巴菲特又說了選股如選妻，那麼，是不是一次只能持有1支股票，從一而終呢？

當然不是。因為倘若不能夠百分之百確定一支股票絕對會是超級明星股，就不能孤注一擲。如同有人說的那樣：「比賽不是一個人的，而是一個團隊的。」巴菲特選股也是精選一組股票，「對於每一筆投資，你都應當有勇氣和信心將你淨資產的10％以上投入此股。」換句話說，巴菲特認為同時選擇10支股票就夠了。

2・選一支好股票就像在挑個好妻子

一個絕對客觀存在的事實是，無論什麼時候，你永遠會發現只有少數幾家公司符合讓你賺錢的標準。可以說，這是作為聰明人選股的基本標準。但很少有人做到，即使是投資大師格雷厄姆的許多弟子都沒有做到。只有巴菲特在股票投資上遠遠比其他所有人更加成功。

作為一個非常成功的投資大師，他的投資經驗說明：選擇股票的態度越慎重，最終獲得豐厚報酬的可能性越大。婚姻一生幸福的人的經驗是，選擇的態度越認真謹慎，越可能獲得最大的幸福。

有人將股票比喻為女人，而選股就好像是選妻子。

一個正常聰明的男人對待妻子應該十二萬分地專情投入，選妻子先不管漂亮與否，適合自己才是最好的。因為感情幸福與否只有當事人自己知道，就像一雙鞋子合腳與否，只有穿鞋的人知道。幸福的婚姻是兩情相悅，你最後選中與你攜手一生的人，不一定是你一生中遇見的最傾心的人，但一定要是最適合你的人，是你最看重她某一點的人。在股票投資中，投資者首先要建立一套自己的投資體系。這套體系包括投資哲學、投資理念、投資對象選擇標準等等。由於人與人的差距性，所以你所建立的這套體系不一定是最先進或最科學的，但一定要是你自己設計建立的，是最適合你自己的體系，

另外，你對自己的老婆一定要專一，就如同你對待投資一樣。

投資大師彼得‧林奇說，你不可能吻遍每一個女人。有的女人，你只可以動心，但不要動手。在每個男人的一生中都會遇到各種各樣的來自女人的誘惑，但一定要明白一個道理：誘惑猶如閃電，雖耀眼奪目，但稍縱即逝，而且追不上、留不下。兩個人的感情要講究信任與忠誠。感情生活中你付出的都是你自願的，並且，每個人都堅信自己付出的一切是可以被對方感受到的。投資也是一個道理，首先你要相信投資是一定有回報的。其次你要對自己建立的、經過檢驗的投資體系有充分的信心。切不可吃著碗裡的看著鍋裡的——三心兩意。

巴菲特指出，如果投資者以輕率的態度選擇股票，那麼最終會與股市脫軌而損

失慘重。市場上的錢最終會從那些沒有耐心、輕率選股的人的口袋裡流出，慢慢流到有耐心而且慎重選股的投資者的口袋裡。當你以慎重再慎重的態度選擇自己的人生伴侶，就會非常認真非常細心地去觀察和瞭解對方的一切，那麼選擇不合適的妻子的概率就將降到最低，與此同時你找到合適伴侶的可能性就越大。如果你選股如選妻，以慎重的態度選擇股票，認真仔細地研究和分析上市公司，那麼犯錯的概率將會很小，而選到好股票的可能性就會很大。

態度決定一切。態度不同，選股不同，業績也就不同，態度決定著投資成敗。態度不同，妻子不同，幸福也就不同，態度決定著婚姻幸福。

「選股如選妻」未必就是巴菲特最先提出來的思想，但絕對是巴菲特將這種思想始終運用如一的。巴菲特曾說他選股的態度和選擇終身伴侶的態度完全相同。「在伯克希爾所有的投資活動中，最讓我和芒格興奮的是買入一家由我們喜愛、相信且敬重的人管理的、具有非常出眾的經濟前景的卓越企業。這種買入機會難得一見，但我們始終在尋找。我們尋找投資對象的態度與尋找終身伴侶的態度完全相同——我們需要積極的行動、高昂的興趣和開放的思維，但並不需要急於求成。」

3・怎樣避免「旅鼠效應」

你人生的起點並不是那麼重要，重要的是你最後抵達了哪裡！

——巴菲特

旅鼠是苔原地區固有的一種齧齒類動物。正常時期，旅鼠在春天進行遷移以尋求食物與新的棲息地。但是每隔三年或四年，就會發生一些奇怪的事情。由於高繁殖率與低死亡率，旅鼠的數量開始急劇增加。旅鼠在數量急劇膨脹之後，就會發生一種奇怪的現象：所有的旅鼠開始變得焦躁不安，到處叫嚷，跑來跑去，並且停止了進食。旅鼠們勇敢異常，充滿挑釁性，膚色開始變紅。它們聚集在一起，盲目而迷惘，忽然有一天，它們開始向一個方向出發，形成一隊浩蕩的遷移大軍，一直跑到懸崖邊。當來到了懸崖邊上的時候，前面的旅鼠收不住腳跳了下去，後面的旅鼠本來就是十分盲目地跟著前面的在跑，所以也都跳到大海裡面去了。到了海裡，拼

命地游泳，拼命地掙扎，最後精疲力竭，整批整批地淹死，結果成千上萬的旅鼠屍體漂浮在藍藍的大海上。這就是被我們大家熟知的與旅鼠有關的故事，也被世人稱為「旅鼠效應」。

在當今的股市中，確實也存在著一群這樣的「旅鼠」。「旅鼠」喻指散戶之中不理智、容易陷入集體無意識的人。巴菲特曾經拿旅鼠來比喻股票投資，股民就如同旅鼠的家庭，當投資者的財富效應放大時，馬上傳到其他投資者的耳朵當中，因此就會出現投資者持續加入市場的現象，投資數量急劇上漲，市場也跟著迅速膨脹，這也就是市場中所謂的「跟風效應」即「旅鼠效應」。

金融市場是一個富有戲劇性的地方，它就像女人的心情一樣不可預測，有意思的是，投資分析師長期以來對人類行為的生物特性饒有興趣。

在大自然中，旅鼠效應產生的原因可以歸結為兩種：一、是群體成員傾向於與其他成員保持行為與信念的一致，以獲取群體對他的認可及團體歸屬感；二、是群體成員在對需要決策的事件拿不準的時候，模仿與順從他人的行為與信念往往是安全的。而這一效應在投資者身上表現得可謂是「淋漓盡致」：當大多數投資者都陷入貪婪的瘋狂而拼命追漲時，很少有投資者能冷靜而理智地抵制購買的誘惑；當大多數投資者都陷入恐懼之中而拼命殺跌時，也很少有投資者能抵制拋售的衝動。

投資者的這種跟風行為會受到很大的心理壓力和精神衝擊，最終的結果註定是徒勞無功。事實說明，真正明智的投資決策往往是「預料之外而情理之中」的決策。大家都看中的熱點板塊的投資價值通常已經提前透支了，而聰明的投資者一般會不斷觀察與跟蹤具有投資價值的股票，當它的股價下跌到合理的區間範圍之內時，就很容易被大多數投資者忽視，而聰明的投資者就會果斷吃進。

很多投資者的不明智舉動，不是因為不聰明，而是在投資的時候摻雜了過多的感情，缺乏獨立思考的理智。成功的投資者不但具備高水平的專業價值評估，同時他們十分理性擁有抵制從眾的意志力量，最重要的是他們都會用獨立思考去做判斷。

然而，股票投資的過程中不注重獨立思考的投資者比比皆是。他們經常會受到別人的影響而瘋狂搶進殺出，往往沒有自己的判斷和選擇，表現出了很盲目和很草率的投資態度。

在投資分析大師巴菲特看來，這些缺乏獨立思考的從眾者，就是自毀生命的旅鼠。巴菲特的這個比喻，也許會讓那些整天在證券交易所的大廳裡雙目緊緊盯著彩

色螢幕的股民們非常洩氣。因為他們的目光和焦灼的心情關注的正是當天瞬息萬變的市場行情。但是殘酷的事實就是，成功的投資者嘲笑的正是這樣一群「旅鼠」。

巴菲特對此感到非常不理解。在紐約存在著那麼多受過良好教育、經驗豐富的職業投資家，但證券市場上卻沒有因此而形成更多邏輯和理智的力量。實際上，機構投資者持有的股票往往價格波動最劇烈。企業經理不能決定股價，他們只能希望通過公佈公司的資訊來鼓勵投資者理智地行動。巴菲特的觀察與分析可以說明：市場股價的嚴重不穩定性與機構投資者這種和旅鼠極為相似的行為有著密切的關係，而與投資者持有的股票的所屬公司的業績關係其實不大。

在股市中，如果投資者以旅鼠般的熱情跟著市場走，他們最終也會像旅鼠一般投入大海中掙扎的悲慘命運……

巴菲特的投資理念是長期購買與持有，這與當今機構投資者的觀點存在著很大的區別。當股市稍有風吹草動時，機構投資者會迅速調整他們的投資組合（買入或賣出）。他們的行為主要基於保護他們不至於跟不上市場的形勢，而不是對公司良好的內在價值的體會。

由此可以看出，機構投資者已經儼然是一個矛盾的統一體，他們投資的心態和行為與那些喜歡一夜風流的人一樣。也許不少人會這樣說，機構投資者遵守的是分散投資這一傳統準則，這在某種意義上來說比巴菲特的投資方式更加可靠。對此，巴菲特持有不同的看法。他承認機構投資者的確是以更傳統的方式投資，但是更傳統的方式並不等同於更謹慎的方式。而且，謹慎的行動是來自對事實的充分瞭解和理性的分析。

在巴菲特看來，大多數機構投資者業績平平的原因並不能簡單地歸結於智商問題，而是機構決策過程與規則導致的結果。機構投資決策通常是由一些小組或委員會制訂的，那些小組或委員會對風行的組合理論有著強烈的偏好，對分散化投資非常喜歡，在他們的意識裡，投資的安全性就是平均，他們實行的是模仿和推崇，獨立思考並沒有受到他們的關注。那麼，到底問題是出在哪裡呢？

巴菲特說：「大多數基金經理沒有積極開動腦筋，而是像個傻瓜一樣進行決策，他們的個人得失心太明顯了。如果一個非傳統的決策效果不錯，他們會被上司拍拍背；但如果這個決策表現很差，他們會跌得很慘。因此，對他們來說，常規的失敗是最好的選擇。旅鼠的群體形象不佳，但沒有任何一隻旅鼠會單獨受到過巨大的壓力。」

事實上，巴菲特真正做到了「不以物喜，不以己悲」，不管身邊人的態度怎麼樣，他始終走在自己思考的路上，始終堅持按照自己的方式去投資。

獨立思考是巴菲特在投資市場中屢屢獲勝的祕密武器。巴菲特勤於思考，這讓他對世間萬物秉持著一種批判的內省態度。巴菲特在一次在致股東的信中描述了他對接班人的要求：（一）是獨立思考；（二）是情緒穩定；（三）是對人性和機構的行為特點有敏銳的洞察力。

獨立思考被放在首位，足見巴菲特對其的重視程度。巴菲特本人即是獨立思考的典範，有人這樣描述他的投資行為：「他很少讀投資專家的分析報告，也很少看一些財經資訊，對那些所謂內幕消息更是置之不理。他看重目標公司的數據，冷靜觀察，仔細分析，然後準備長期持有。」

事實上，巴菲特特別喜歡閱讀。廣泛的閱讀，培養了他獨立思考的好習慣；而獨立思考，又是他在股票投資中愈戰愈勇的祕密武器。通過閱讀能夠積累思想，關注不同的地方，不同的證券，而不可能有一種固定模式可以一勞永逸。很重要的一點是，通過閱讀能夠避免那種可能造成災難性的投資行為和模式，避免傾家蕩產。

巴菲特認為：「股票市場波動無常，只有在廣泛閱讀基礎上的獨立思考，才能保證在混亂的局勢中不至於迷失自己，才能看清市場走向。」

巴菲特的朋友拜倫·衛思曾這樣評價他：「只有冒險的觀念才能深深地吸引巴菲特，他喜歡瞭解事情的本質，年輕的時候就喜歡做一些哲學理論研究，這培養了他獨立思考的能力，使他在金融市場上受益無窮。」

變幻莫測的股市，其代名詞就是不確定和可能。任何情況都可以在這裡發生。因此股市中到處充斥著各種各樣的消息、猜想、預測甚至謠言。而普通小投資者特別是投資新手，因為自身對股市行情沒有把握，自然對各種消息非常敏感，一旦有風吹草動就貿然做出買進或賣出的投資決策，結果往往會因此而吃虧。

其實，股市中得到的消息的真實性往往不高。更嚴重的情況是，如果市場傳聞是某些人刻意製造的，那麼盲目相信的人必將成為股市的犧牲品。即使某條消息後來被證明是真實的，可想而知這條真實的消息對於普通投資人也已經失去了它應有的價值。事實上，那些對股市影響比較大的重要消息在股市發生波動之前就已經形成，但是小投資者卻無法證實其可靠性，一旦等到該消息被證實，即使股市有一些波動，也會很快平靜下來。只有一些突發性的、具有持久影響的事件，才會令投資

者對投資決策做出相應的變動，如銀行決定大幅度調整利率等。盲目地跟著市場走，很難賺到大錢，卻非常容易虧本。巴菲特警告：「在股市中，如果投資者以旅鼠般的熱情跟著市場走，他們最終也會有旅鼠一般的悲慘命運。」

要想避免旅鼠這種由於隨大流而同歸於盡的悲慘結局，投資者絕對不能盲從於大眾，在做出投資決策前，一定要對各種資訊進行獨立的分析和思考。巴菲特認為，在波動無常的投資市場上，投資人唯有獨立思考，才能在混亂的局勢中保持自我，看清市場走向，不被流行的趨勢迷惑，從而做出最正確的投資決策。

格雷厄姆曾經告訴巴菲特，要想在華爾街上投資成功，第一、要正確思考，第二、要獨立思考。巴菲特的合作夥伴芒格也告訴我們：「投資中真正需要的是思考、而不是參考。」

判斷思考結果的正確與否，不能簡單地以「與多數人意見是否相符」來衡量。思考結果取決於投資者的市場觀察和研究。「證券分析之父」格雷厄姆說：「如果你已經根據有力的事實進行分析得出一個結論，並且你相信自己的判斷是正確的，那麼就根據自己的判斷行動吧，不管別人是否懷疑或不同意你的判斷。公眾與你的意見不同，並不表明你的判斷是正確、還是錯誤的。」

巴菲特指出，投資者如果真的想要進行投資，就應該學會耐心等待，以靜制動。每天在股市中搶買搶賣並不是一個聰明的方法。巴菲特常常提醒他的股東，要想投資成功，就必須對企業有良好的判斷力，不要使自己受到「市場先生」的影響。用他自己的話說：「近乎懶惰地按兵不動，是我一貫的投資策略。」當然，投資者要想成功，既要有思考的習性，也要腳踏實地付諸實際行動。

巴菲特一再強調，獨立思考是在股市中獲得成功的一個重要前提，因此投資者必須學會與眾不同地獨立思考。只有獨立思考，才能發現市場的錯誤，避免盲從於市場的錯誤，進而利用市場的錯誤。在市場恐慌性拋售時，發現巨大的安全邊際，從而利用市場的錯誤大賺一筆。

正如巴菲特所說：「關鍵在於利用市場，而不是被市場利用。」

所謂的「被市場利用」，實指盲目跟從市場的投資者被市場套住，結果淪為市場崩潰的犧牲品。而「利用市場」的前提則是，你能夠獨立思考，發現市場的愚蠢錯誤。格雷厄姆教給巴菲特最重要的投資秘訣就是「安全邊際原則」，利用「市場先生」的愚蠢來投資安全邊際足夠大的股票，這樣才有可能做到永遠不虧損。要找

到股價嚴重被低估、有足夠安全邊際的股票，只有清醒的頭腦是不行的，還得有巨大的勇氣，敢於與眾不同，擁有眾人皆醉我獨醒的氣魄。

正因為人類是一種群居性動物，所以無論是日常生活中還是在工作上總是感覺和群體保持一致是最安全的。生活中老人教育年輕人的時候總要說：「站在大多數人的一邊，一般是不會錯的。」若是被教育者不聽，他們就會說：「不聽老人言，吃虧在眼前。」

然而，在股市裡，投資者選擇和多數人站在一邊，並不一定是對的，有時甚至是完全錯誤的。那麼如何有效地避免這樣的悲劇發生在自己身上呢？唯一的方法就是嚴格遵循格雷厄姆和巴菲特告訴我們的安全邊際原則，在什麼時候都要堅持安全第一。在買入股票的時候，一定要堅持股價有充分的安全邊際，在嚴重低估時低價買入，這樣你才能保證自己的投資絕對安全。在投資絕對安全的情況下，投資者才有可能獲得高額的投資報酬。

總之，巴菲特拿「旅鼠效應」來比喻股票市場，是希望投資人不要一個勁兒地跟別人大搞「跟風效應」，投資人必須自己多做一點功課，然後「不要相信市場的風聲，而要相信自己的判斷！」

4・經典案例：投資可口可樂

全球最大的飲料公司可口可樂成立於一八九二年，目前總部設在美國的亞特蘭大市，擁有全球48％市場佔有率以及全球前三大飲料的兩項（可口可樂排名第一，百事可樂第二，低熱量可口可樂第三）。可口可樂透過全球最大的分銷系統，暢銷世界超過二百個國家及地區，在世界各地的合夥人多達90,500個，飲料品種多達2800種，每天為15億消費者提供服務，其品牌價值已超過700億美元，是世界第一品牌。

可口可樂是可口可樂糖漿與碳酸水混合的飲料，多年來風行世界。並且從一八九四年起，以瓶裝出售。真正能使可口可樂大展拳腳的，還是兩位美國律師。他們到當時可口可樂公司的老闆埃斯・簡道寧的辦公室，提出一個創新的商業合作方式，就是由可口可樂公司售給他們糖漿，他們自己投資生產公司及售賣點，將糖漿兌水、裝瓶、出售。他們按可口可樂公司的要求生產並保證品質，可口可樂公司則

允許他們利用可口可樂的商標做廣告，從此可口可樂的工廠遍地開花。

可口可樂發展得如此成功，主要是由於其嚴格的產品要求和有效的行銷策略，即出售優質產品、要相信自己的產品、創造神秘感、產品的成本要低、讓從事流通的人先賺大錢、要讓人人都買得起、推銷產品要精明、要宣傳產品的形象而不是產品、合理利用名人效應、吸引普通人的欲望、吸引住年輕人、要入鄉隨俗等。

與可口可樂公司的成功業績相對應，其公司的股價也一路飆升。有這樣一個小故事：一位美國老太太在「二戰」後購買了五千美元的可口可樂股票，並將股票收藏於箱底。之後，她便漸漸淡忘了此事。五十年後的一天，在翻箱底的時候，突然發現了幾乎被遺忘的可口可樂股票，拋售後，她竟意外地獲得了五千萬美元的收入。也就是說，五十年間可口可樂股本擴張及股價增值，讓這位幸運的美國老太太獲得了一萬倍的收益。其實，這個小故事確實存在，從中可以看出可口可樂股價讓人瞠目結舌的飛躍。

可口可樂的百年輝煌業績，使它成為一個不敗的股票傳奇。媒體從20世紀30年代就開始感慨：「儘管對其過去的業績記錄表示敬意，但我們也只能得出非常遺憾的結論：現在關注可口可樂公司為時已太晚了。」而事實卻是，即使對於一九三八年才加入的投資者，可口可樂的投資盛宴也只是剛剛開始一如果你在一九三八年以區區40美元投資可口可樂公司股票，到一九九三年底就可以增值到25,000美元，整整六百倍回報率！

可口可樂公司的股票，巴菲特也沒有錯過，巴菲特從買入之日起就一直堅定持有，並且屢次公開聲明希望永久性保留該股票。

一九八八年底到一九八九年初，巴菲特花了好幾個月的時間，祕密下單購買，巴菲特對可口可樂飲料的投資，使他成為可口可樂的最大股東。他參加了可口可樂的董事會，其他董事會成員也都是些大名鼎鼎的人物，包括前美國參議員山姆・南恩、娛樂業投資大亨赫伯特・阿倫和棒球俱樂部前部長彼特・尤伯羅斯等。

巴菲特在一九八五年的伯克希爾年報中就已透露出對可口可樂公司的興趣。巴菲特一直是比較喜歡喝百事可樂的，可是開始改喝櫻桃可口可樂後，他甚至宣佈說櫻桃可口可樂將會是伯克希爾年會的正式飲料，伯克希爾股東當時就應該看出其中的玄機。

奧馬哈的一位教師兼演員肯特・何羅回憶了巴菲特鍾愛百事可樂的那段日子，

他的母親伊莉莎白是巴菲特早期的秘書，她回憶起每天下午穿過法納姆大街去給巴菲特買百事可樂的事情，肯特・何羅說：「對我的父母而言，沃倫・巴菲特購買他一直以來拒絕喝的可口可樂股票，這簡直好笑。」

巴菲特自己說：「我之所以改喝可口可樂，起因是可口可樂前總裁奇歐很早以前送新配方的櫻桃可口可樂給我喝，我一喝就愛上了它，我回信告訴他，他可以省下所有試銷經費，分給我一些他原本要花在試銷的費用，我保證這個飲料一定會一炮而紅。」

巴菲特稍後告訴富比士，他購買可口可樂的主要原因是，該公司的股價沒有反映出它在口味日趨統一的國際市場上具有保證成長的能力，一個多世紀以來，全球各地的飲料販賣商，都將一盎司的可口可樂糖漿和六盎司半的碳酸水混合成飲料賣出，沒有任何產品能夠像可口可樂這樣風行全球。

一心想成為「巴菲特第二」的喬治・摩根講述了這樣一個故事，巴菲特在商場中碰到了一個穿著可口可樂標誌服的青年。巴菲特問他這件服裝花了多少錢，年輕人回答說75美元。巴菲特說：「花錢去為別人的商品做廣告，75美元的確是夠多的了。」巴菲特說，這就讓他更加肯定了可口可樂的價值。

很多著名人士喜歡喝可口可樂，就連英國的女王都喝可口可樂。影星克拉克・蓋博、甘迺迪總統、披頭士樂隊和網球名將費得爾都是可口可樂的愛好者。比爾・柯林頓、高爾以及資深律師大衛・波依斯也是如此。英國網球公開賽冠軍約翰・達利，在一九九五年慶賀其勝利時，就選擇了減肥可樂而非香檳。比爾・蓋茲這個愛喝可口可樂的人出演了一則廣告，他拍了一部廣告，片中他到處找零錢買可口可樂，呼籲人們改喝可口可樂。

在世界五種名牌碳酸飲料中，可口可樂公司獨攬四項，它們是可口可樂、雪碧、健怡和芬達。可口可樂公司每年銷售20多億加侖的飲料糖漿和瓶裝濃縮液，其價值很可能持續升高，因為一喝就上癮，這是深受巴菲特欣賞的企業特質。

一九九六年的時候，據估計，可口可樂本身的價值就超過430億美元。根據可口可樂一九九五年的年報，「可口可樂」是全世界第二個廣為人知的日常用語，僅次於全球萬事通的「OK！」。

巴菲特表示，如果你一生中對某個企業產生很好的觀念，那麼你算是非常幸運，基本上，這是全世界最優良的大企業，它享有最高的知名度，該公司產品的售價也相當合理，而且廣受歡迎，幾乎在每個國家，每人的可口可樂消耗量年年都在增加當中，這是其他產品望塵莫及的。

巴菲特大量購入可口可樂的消息傳出之後，迫使可口可樂的股票暫時停止交易，因為訂單如潮水般湧入。過了一年半之後，買進時價值10億美元的可口可樂股票，已經漲到20億美元，現在利潤更是滾滾而來。

太陽信託銀行是可口可樂公司的另一個大股東，持有可口可樂將近8％的股份，但是，這些股份劃分為這家銀行所擁有的大約2％的股份和這家銀行在財產信託帳戶裡持有的大約6％的股份。太陽信託銀行自身擁有大約4800萬股的可口可樂股票。一九一九年這家佐治亞州的老字型大小信託公司，以股票取代現金，為可口可樂發行的第一批股票擔保，當初這批股票的價值為11萬美元，一股不到半美分，因此，即使用一輩子的時間等它增值也無妨。可口可樂的股份占了太陽信託價值的一大部分，順帶一提的是，該公司的保險櫃中，保存唯一一份手寫的可口可樂配方。可以說，除非得到可口可樂公司董事會的投票許可，否則任何人都不可能拿到這份手寫的配方。很顯然，只有少數幾個不曾一起外出的員工才能知道這份祕密配方。據說這份祕密的可口可樂配方「商品7X」是由橙子、檸檬、桂皮以及其他成分混合而成的。

可口可樂主控美國飲料市場，同時也是許多速食店主要供應的飲料，包括麥當勞、溫蒂、漢堡王、比大營比薩。只要有麥當勞的地方就有可口可樂，麥當勞是可口可樂最大的消費商。達美航空、大陸航空與美國航空公司也都供應可口可樂。

可口可樂的販賣機遍佈全球，在歐洲與美國，處處可見可口可樂販賣機，就連伯克希爾的波爾仙珠寶店和內布拉斯加傢俱百貨，都有可口可樂販賣機。該公司龐大的海外事業，占公司總銷售量的70％與利潤的80％，而百事可樂70％的銷售量與80％的利潤，則來自美國國內。

說到可口可樂就不能不提百事可樂，百事可樂本身也是一家強勢消費產品公司，是可口可樂的死對頭。可口可樂在與百事可樂激烈的競爭中，本土市場的利潤陷入僵局，因此該公司便在海外市場尋求成長契機。經過長時間的努力，現在可口可樂以44％的美國市場佔有率，領先百事可樂的31％，在世界市場上，可口可樂佔有50％，百事可樂卻只有20％。

可口可樂與百事可樂的激烈對決使得兩者都更為強大，在這兩大品牌的覆蓋下，其他競爭者的產品反而很難登上貨架。正如一句越南諺語所言：「牛和水牛打架的時候，死的通常是蒼蠅。」

百事可樂的前董事長可卡洛威曾經表示，可口可樂和百事可樂，在接下來的二十年間，還會持續成長，我們兩家公司會繼續並肩作戰。由此可以看出，可口可樂與百事可樂的前景都相當光明。

一九八八年，巴菲特買入可口可樂股票5.93億美元，一九八九年大幅增持近一倍，總投資增至10.24億美元。一九九一年就升值到37.43億美元，兩年漲了2.66倍，連巴菲特也大感意外。他在伯克希爾一九九一年年報中高興地說：「三年前當我們大筆買入可口可樂股票的時候，伯克希爾公司的淨資產大約是34億美元，但是現在光是我們持有可口可樂的股票市值就超過了這個數字。」

巴菲特在一九九四年繼續增持，總投資達到13億美元，此後持股一直穩定不變。一九九七年底巴菲特持有的可口可樂股票市值上漲到133億美元，十年賺了10倍。僅僅一支股票就為巴菲特賺取了120億美元，這不得不讓人驚嘆！

第五章

全球最貴的——巴菲特午餐

I・比和美國總統吃飯還貴的午餐

有錢的傻瓜，到處都會受歡迎！

——巴菲特

雖然巴菲特這老兄曾開玩笑地說：

「如果今天公司的股票漲了，中午我就買4塊2美元的套餐，如果跌了，那——我只好買3塊8的了！」

可是，不管他吃的是4塊2的或是3塊8的，你們是否知道要和巴菲特吃一頓飯要花多少錢嗎？回答這個問題前，我們可以先看一個數據。如果有人希望參加專門為布希總統第二個任期就職儀式舉行的所有官方就職典禮和舞會，並有幸與布希本人和錢尼副總統共進「專門的午餐」，那麼就必須要拿出25萬美元來「買票」。花25萬美元才有機會見總統一面？你一定會驚訝於自己所看到的數字。但更讓

你驚訝的是，要與巴菲特共進午餐，25萬美元只是最低價。

從二〇〇〇年起，因為受到第一任妻子蘇珊的建議與影響而創立的。巴菲特推出拍賣「午餐計劃」，為的是要將拍賣所得的資金全部捐獻給舊金山非營利組織葛萊德基金會——葛萊德基金會是蘇珊做義工服務了二十年的地方。她在基金會工作到第十五年的時候，基金會才得知，原來這位義工是「股神」巴菲特的太太。在蘇珊的推介之下，他對這家基金會有了深入的了解後，於是，巴菲特決定以拍賣與自己共進午餐的方式來幫基金會募集資金。

每年的巴菲特午餐拍賣所得將捐給舊金山慈善機構葛萊德基金會，用於幫助舊金山海灣地區的貧困和無家可歸的人，為低收入人提供衣服、住所，並開設醫療診所和青年職業培訓班，幫助一些有困難的人掌握一技之長。巴菲特曾表示：「對於幫助不幸的人，葛萊德也許是我見過的最有效力的機構。」

回顧這十年的成交價格，只有前兩次是以接近底價的價格成交，分別為2.5萬美元和1.8萬美元。從第三年開始，競拍移師eBay舉行線上拍賣。在網路的助力下，全世界對巴菲特「感樂趣」的人，都有機會一決高下，成交價格也節節攀升——

二〇〇一年　匿名1.8萬美元

二〇〇二年　金融服務公司愛德華・瓊斯的2位匿名者2.5萬美元

二〇〇三年　紐約對沖基金公司主管約翰・埃爾霍恩25.01萬美元

二〇〇四年　新加坡人賈森・朱25萬美元

二〇〇五年　匿名35.11萬美元

二〇〇六年　段永平62.01萬美元

二〇〇七年　加州投資基金公司經理莫尼什・帕波萊65萬美元

二〇〇八年　趙丹陽211萬美元

二〇〇九年　薩利達資本公司168.03萬美元

二〇一〇年　匿名262.6311萬美元

二〇一一年　匿名262.6411萬美元

二〇一二年　匿名345.6789萬美元

二〇一三年　匿名100.01萬美元

二〇一四年　新加坡的Andy Chua 217萬美元

二〇一五年　中國天神娛樂公司235萬美元。

二〇一六年　一名匿名買家以345.6789萬美元的競標成功。

二〇一七年　一名賬號為「s***1」的用戶以267.9001萬美元競標成功。

二〇一八年　一名匿名買家以330.01萬美元的競標成功。

二〇一九年　一個用戶名為「S***5」的匿名人士以456.7888萬美元競標成功。

十九年來的「巴菲特午餐」，竟然從最初的一萬八千美元，漲到四百五十六萬餘美元，到底這是怎麼了？

2・為什麼人人認為物超所值

花這麼大的一把鈔票跟巴菲特吃一頓飯……

這些人難道是瘋了？有錢沒處花嗎？

當然不是，任何一個學過經濟學的人都應該有這樣的常識——天下沒有免費的午餐。那麼，這些出高價與巴菲特共進午餐的人究竟是怎麼想的呢？他們到底追求的是什麼呢？在eBay的拍賣廣告上，曾經這樣寫道：「這是一個一生中可能只有一次的機會，探究沃倫・巴菲特的投資心得，他完全稱得上一個傳奇人物。」探究巴菲特的投資心得，這對於那些巴菲特的追隨者來說，無疑有著巨大的誘惑。且讓我們一起來聽聽這些「赴宴人物」的自我陳述——

二〇〇三年，紐約對沖基金公司的經理約翰・埃爾霍恩以25.01萬美元贏得競拍，獲得向巴菲特討教投資秘笈的機會。他後來回憶說，由於他們當時把用餐地點

選在了紐約的另一家餐館，巴菲特為自己點的是沙拉和冰茶。巴菲特對食物毫不在意的態度讓埃爾霍恩大為意外。埃爾霍恩還回憶說，巴菲特特別喜歡與人聊天交朋友。在點菜的一會兒功夫，他就與幫我們點菜的服務生攀談了起來，連人家家鄉在哪裡都打聽出來了呢！

巴菲特是倡導穩定價值投資的領軍人物，被眾多投資者奉若神明。可以說競標成功、肯出此高價吃頓牛排的人，無一例外都是在實踐中遵循著巴菲特的股票投資理念獲得了巨大財富的人。他們都掌管著一個基金會，操控著上千萬甚至上億的資金在股市裡搏殺。這些人出了這麼高的價錢，就是為了有個機會能與巴菲特——這位他們心目中的股神、股票價值投資的導師，有一個近距離接觸的機會。

二〇〇七年的得標者帕波萊就是一個最好的例子。帕波萊說，自己能有一家如此成功的基金公司，得益於深入學習研究巴菲特的投資理念。他還透露，因為對巴菲特崇拜之極，10年前，初出茅廬的帕波萊還大膽地給巴菲特寫信，一番自我介紹後表示願意為巴菲特免費工作。當然，帕波萊這樣做的目的無非是給自己一個近距離向巴菲特學習的機會——遺憾的是，巴菲特並沒有買他的賬。

後來，帕波萊成立了自己的基金公司，運用巴菲特的價值投資理念獲得了巨大的成功，如今，終於得以躋身巴菲特的午餐會，一嘗夙願了。

後來，莫尼斯・帕波萊（Mohnish Pabrai）在接受電話採訪對記者表說，「我並不認為這屬於交易的一部分，但是沃倫和查理從午餐後一直以來很慷慨地給予我們接近他們的機會，沃倫總儘力確保你在這筆交易中是贏家。」

帕波萊自從二〇〇七年與巴菲特共進午餐後，已與這個伯克希爾—哈撒韋公司的領導者有了其他兩次會面。帕波萊在加州運營著3億的帕波萊投資基金會，曾為與巴菲特在紐約的史密斯・沃倫斯凱牛排館共進午餐出價65.01萬美元。

帕波萊去年同他的妻子和兩個10歲和12歲的女兒，搭機到紐約來會見他「心目中的英雄」，同時加入他們的還有帕波萊的競標搭檔蓋伊・斯皮爾（Guy Spier）及其妻子。他們交談了三個小時，席間還談論了慈善事業，因為帕波萊及其妻子在印度本土運營了一家基金會。帕波萊說，巴菲特為他們的女兒準備了糖果，這立刻使他成為她們的朋友。

帕波萊第二次見到巴菲特是上月在奧馬哈，就在伯克希爾—哈撒韋公司年會之前。他和斯皮爾受邀到公司的總部，在那裡巴菲特帶領他們參觀了他的辦公室，並向他們展示了他的舊的股票交易的發票和他收集的微型汽車。

「我原以為在他公司年會的兩天前他會非常忙碌，但是他只是閒逛——」帕波萊說，「我非常吃驚！」在這個月的早些時候，帕波萊及其妻子得到了與巴菲特見面的第三次邀請，這次有伯克希爾－哈撒韋公司85歲的副總裁同時也是巴菲特的長期合作夥伴——查理．芒格在場，巴菲特在洛杉磯舉辦了此次會餐。在此之前帕波萊告訴他，雖然他的妻子對於他們在紐約的見面感到非常愉快，但是她的「真愛」屬於芒格。「兩天後，他給芒格發了郵件，並複製了一份給我，」帕波萊說，「結果芒格午餐比巴菲特午餐持續的時間還要長。」

次年，二〇〇八年由香港成功商人，也是私募基金教父趙丹陽以211萬美元，取得了與巴菲特共進午餐的資格，事後據彭博社6月29日報道稱，「午餐進行的很美好，他們都很優秀，我希望有機會多多認識這樣的人」，巴菲特在午餐會結束後的採訪中表示。趙丹陽透露，在三個小時的聚會中，他們談論了期貨，公司管理及政府在穩定貨幣中的作用。

為這一午餐，趙丹陽花費了相當於二〇〇七年優勝者帕波萊三倍的價錢。他表示，這一打破記錄的競標記錄是他表示感謝的方式，因為他過去六月遵從股神投資要訣，取得高達600%回報，是真、是假，只有當事人心理明白吧！

曾以62.1萬美元得標的二〇〇六年優勝者段永平，與趙丹陽共同參加了今年的巴菲特午餐，也剛剛結束在紐約的行程。正如趙丹陽，段永平在採訪中也把自己的成功歸功於巴菲特——「我總是用他的方法做事。」

對於既可以幫助窮人以及弱勢團體的基金會更好，因為他們可以取得較多的資金，來加強運作的範圍，巴菲特的午餐不但可以贏得參與人認為物超所值的讚譽，也可以百分百發揮慈善的公益，所以我們可以很清楚地看出巴菲特的神奇魔法——因為他才是真正的贏家！

3．巴菲特的成功秘訣是什麼？

許多年來，全世界爭相與股神探究成功的秘訣，無數人花費百萬只為與巴菲特共進午餐，從中得到一些成功的秘訣，實際上，巴菲特早已把自己的成功經驗和人生智慧傳授給自己的子女，他告誡子女：真正聰明的人，一生只做這兩件事，堅持下去，人生將會出現一些轉機。

第一件：腳踏實地，專注眼前的工作

在一次家庭宴會上，有位長輩詢問巴菲特：你覺得你最成功的特質是什麼？巴菲特毫不猶豫地回答：專注。——之後，比爾蓋茲也給出了一致的答案，可見「專注」絕對是成功者必備的特質。

巴菲特在投資界有著與與眾不同的做法，他堅定地守著自己的投資原則，只把目標放在長期股上面，並且一心專注自己熟悉的領域。在科技股盛行的年代，很多人建議巴菲特也參與進來，但是巴菲特直接坦言：我看不懂。

世間最可怕的便是野心二字，在巨大的利益誘惑面前，很少有人可以堅守住自己的陣地，但是巴菲特就做到了。他不被外界所干擾，一旦踏足一個領域就用心專研，幹出一番成就。

總結現代人尚不能成功的原因，很大一部分就是要他們沒有做到「專注」。現代人的頭腦中彷彿長滿了雜草，整日被無意義的事情所影響，社交、娛樂、八卦、上網、遊戲等方面把我們的精力拆分的七零八落。

若你到目前為止仍然沒有做出成就，那麼不妨先專注於自己擅長的領域中，整合精力，早日步入正軌。

第二件：整合資源，專注未來投資

巴菲特曾說，世界上最穩賺不賠的投資不在股市，而是投資自己——對自己的投資，便是對未來的投資。

縱觀古今，那些有名的精英、富豪都在堅持一件事：學習——台塑王國的掌門人王永慶，台灣最美麗的投資人何麗玲，他們也都是白手起家的典範，更是終生學

習的典範。

越是資金緊缺的時候，越要把自己的收支進行更合理的規劃，減少不必要的開銷，把更多的資金用於投資未來方面。該大方的時候務必要大方，不然只會在困境中一直打轉，找不到突破口。對此，巴菲特的建議就是——讀書。

讀書是成本最低、回報最高的投資方式，書中的知識可以讓我們反覆領悟，這種效果不亞於上一堂價值連城的投資課。巴菲特對閱讀的重要性有著清醒的認知，已超過90歲高齡的他，仍舊保持著每日閱讀2小時的習慣。真正的聰明人，不會放過每一個提升自己的機會。

思維的富裕才是真正的富裕，是我們破局大開的最大捷徑，互聯網高速發展的時代，不斷的閱讀，汲取新知識，便是對自身思維、對自己未來最好的投資。

一代「股神」巴菲特的人生智慧，就是不斷向厲害的人學習，不是為了成為他人的影武者，而是利用他人的成功思維打造一個新的自己，巴菲特從閱讀中獲得的實用的智慧，無疑是創造出他更美好的人生！

第六章

巴菲特的投資理念是什麼

I・習慣的力量

有一次，巴菲特和比爾・蓋茲到西雅圖的華盛頓大學演講，當時有商學院的學生請教他們的致富之道是什麼？

巴菲特說：「是——習慣的力量！」

一、不要把雞蛋放在同一個籃子裡

現在大家的理財意識越來越強，許多人認為「不要把所有雞蛋放在同一個籃子裡」，這樣即使某種金融資產發生較大風險，也不會全軍覆沒。

但巴菲特卻認為，投資者應該像馬克・吐溫建議的那樣，把所有雞蛋放在同一個籃子裡，然後小心地看好它。

從表面看巴菲特似乎和大家發生了分歧，其實雙方都沒有錯。因為理財訣竅沒有放之四海皆準的真理。比如巴菲特是國際公認的「股神」，自然有信心重創持有

少量股票。而我們普通投資者由於自身精力和知識的局限，很難對投資對象有專業深入的研究，此時分散投資不失為明智之舉。

另外，巴菲特集中投資的策略基於集中調研、集中決策。在時間和資源有限的情況下，決策次數多的成功率自然比投資決策少的要低，就好像獨生子女總比多子女家庭所受的照顧多一些，長得也壯一些。

二、不熟悉的生意不做

有句古話叫：「生意不熟不做」。巴菲特有一個習慣，不熟悉的股票不做，所以他永遠只買一些傳統行業的股票，而不去碰那些高科技股。二〇〇〇年初，網路股高潮的時候，巴菲特卻沒有購買。那時大家一致認為他已經落後了，但是現在回頭一看，網路泡沫埋葬的是一批瘋狂的投機家，巴菲特再一次展現了其穩健的投資大師風采，成為最大的贏家。

這個例子告訴我們，在做任何一項投資前都要仔細調研，自己沒有瞭解透、想明白前不要倉促決策。比如現在大家都認為存款利率太低，應該想辦法投資。股市不景氣，許多人就想炒外幣、炒基金、炒期貨、進行房產投資甚至投資虛擬貨幣。

其實這些管道的風險都不見得比股市低，操作難度還比股市大。所以自己在沒有把握前，把錢放在儲蓄中倒比盲目投資安全些。

三、長期投資

有人曾做過統計，巴菲特對每一支股票的投資沒有少過8年的。巴菲特曾說：「短期股市的預測是毒藥，應該把它擺在最安全的地方，遠離兒童以及那些在股市中的行為像小孩般幼稚的投資人。」

我們所看到的是許多人追漲殺跌，到頭來只是為券商貢獻了手續費，自己卻是竹籃打水一場空。我們不妨算一個賬，按巴菲特的底限，某支股票持股8年，買進賣出手續費是1.5%。如果在這8年中，每個月換股一次，支出1.5%的費用，一年12個月則支出費用18%，8年不算複利，靜態支出也達到144%！

不算不知道，一算嚇一跳，魔鬼往往在細節之中。

2．巴菲特投資金定律

規則1：絕對不能虧錢；規則2：絕對要遵守規則1。

因為每天在數字上滾動的人都知道，任何數字乘零就是等於零。

1. 利用市場的愚蠢，進行有規律的投資。
2. 買價決定報酬率的高低，即使是長線投資也是如此。
3. 利潤的複合增長與交易費用、避稅使投資人受益無窮。
4. 不要在意某家公司來年可賺多少，只要在意其未來5至10年能賺多少。
5. 只投資未來收益確定性高的企業。
6. 通貨膨脹是投資者的最大敵人。
7. 價值型與成長型的投資理念是相通的。價值是一項投資未來現金流量的折現值；而成長只是用來決定價值的預測過程。

8. 投資人財務上的成功與他對投資企業的瞭解程度成正比。

9. 「安全邊際」從兩個方面協助你的投資。首先是緩衝可能的價格風險；其次是可獲得相對高的權益報酬率。

10. 擁有一支股票，期待它在下個星期就上漲，是十分愚蠢的。

11. 即使美聯儲主席偷偷告訴我未來兩年的貨幣政策，我也不會為之改變我的任何投資作為。

12. 不理會股市的漲跌，不擔心經濟情勢的變化，不相信任何預測，不接受任何內幕消息，只注意兩點：A.買什麼股票；B.買入價格。

當隨波逐流的人們拋出股票時，伯克希爾—哈撒韋公司買進股票。

當大多數人對股票感興趣時，人們會隨大流。但我一般在沒有人對股票感興趣時，對股票產生興趣。你不能指望通過買進熱門股票獲得高收益。

你不必是一位航太科學家。投資並不是一場智商高的人就必然能戰勝智商低的人的遊戲。對於投資來說，理性是至關重要的。

3・巴菲特理財法：「三要、三不要」

如果獎金很誘人但參與費用很低，則不管贏的機會多麼微乎其微，人們都會有賭博傾向。這就是為什麼拉斯維加斯的賭場要大肆宣傳巨額累積賭注，各州的樂透彩票抽獎要強調高額獎金。

然而，交易越活躍，投資者付出的成本就越高，在這些交易背後流入經紀商口袋的錢就越多。

如果你無法抗拒賭場的誘惑，那麼要時刻保持清醒！

你正在和這個市場上眾多愚蠢的人打交道。這就像一個大賭場，每個人都已經喝得酩酊大醉，如果你能堅持只喝可樂，那麼你應該能贏錢。

Gruntal & Co.經紀公司的馬歇爾・溫伯格提到有一次他在曼哈頓和巴菲特共進午餐，他說：「他吃了一個特別的火腿乳酪三明治——幾天後，我們再次外出用餐。巴菲特說，『我們還是到上次那家餐廳吧。』我說，『我們不是才去過嗎？』他說，『正是因為剛剛去過，我們為什麼還要冒險到其他地方去就餐呢？去上次的那家餐廳，我們就能知道自己要吃什麼了。』」。對此，溫伯格說：「這就是巴菲特對待股票投資的態度。他只投資於那些獲利機會高的股票，而它們總是不會令他失望。」

一般而言，人們都寧願希望通過買樂透來實現一夜暴富，而不願慢慢致富。

巴菲特的投資「三要」

（一）**要投資那些始終把股東利益放在首位的企業**——巴菲特總是青睞那些經營穩健、講究誠信、分紅回報高的企業，以最大限度地避免股價波動，確保投資的促值和增值。而對於總想利用配股、增發等途徑榨取投資者血汗的企業一概拒之門外。

（二）**要投資資源壟斷型行業**——從巴菲特的投資構成來看，道路、橋梁、煤

炭、電力等資源壟斷型企業占了相當份額，這類企業一般是外資入市購併的首選，同時獨特的行業優勢也能確保效益的平穩。

（三）**要投資易瞭解、前景看好的企業**——巴菲特認為凡是投資的股票必須是自己瞭如指掌，並且是具有較好行業前景的企業。不熟悉、前途莫測的企業即使被說得天花亂墜也毫不動心。

巴菲特的投資「三不要」

（一）**不要貪婪**——一九六九年整個華爾街進入了投機的瘋狂階段，面對連創新高的股市，巴菲特卻在手中股票漲到20％的時候，就非常冷靜地悉數全拋。

（二）**不要跟風**——二〇〇〇年，全世界股市出現了所謂的網路概念股，巴菲特卻稱自己不懂高科技，沒法投資。一年後全球出現了高科技網路股的大股災。

（三）**不要投機**——巴菲特常說的一句口頭禪是：擁有一支股票，期待它下個早晨就上漲是十分愚蠢的。

4・巴菲特股市不敗的六大要素

一、去接近成功人士，讓他們的想法影響你；
二、走出去學習，讓精彩的世界影響你；
世間沒有貧窮的口袋，只有貧窮的腦袋！
哈佛大學有一句至理名言：當你為自己想要的東西而忙碌的時候，就沒有時間為不想要的東西而擔憂了！

——巴菲特

一、賺錢而不要賠錢

這是巴菲特經常被引用的一句話：「投資的第一條準則是不要賠錢；第二條準則是永遠不要忘記第一條。」因為如果投資一美元，賠了50美分，手上只剩一半的錢，除非有百分之百的收益，才能回到起點。

巴菲特最大的成就莫過於在一九六五年到二〇〇六年間，歷經三個熊市，而他的伯克希爾—哈撒韋公司只有一年（二〇〇一年）出現虧損。

二、別被收益率矇騙

巴菲特更喜歡用股本收益率來衡量企業的盈利狀況。股本收益率是用公司淨收入除以股東的股本，它衡量的是公司利潤占股東資本的百分比，能夠更有效地反映公司的盈利增長狀況。

根據他的價值投資原則，公司的股本收益率應該不低於15%。在巴菲特持有的上市公司股票中，可口可樂的股本收益率超過30%，美國運通公司達到37%。

三、要看未來

人們把巴菲特稱為「奧馬哈的先知」，因為他總是有意識地去辨別公司是否有好的發展前途，能不能在今後25年裡繼續保持成功。巴菲特常說，要透過窗戶向前看，不能看後視鏡。

預測公司未來發展的一個辦法，是計算公司未來的預期現金收入在今天值多少錢。這是巴菲特評估公司內在價值的辦法。然後他會尋找那些嚴重偏離這一價值、低價出售的公司。

四、堅持投資能對競爭者構成巨大「屏障」的公司

預測未來必定會有風險，因此巴菲特偏愛那些能對競爭者構成巨大「經濟屏障」的公司。這不一定意味著他所投資的公司一定獨占某種產品或某個市場。例如，可口可樂公司從來就不缺競爭對手。但巴菲特總是尋找那些具有長期競爭優勢、使他對公司價值的預測更安全的公司。

20世紀90年代末，巴菲特不願投資科技股的一個原因就是：他看不出哪個公司具有足夠的長期競爭優勢。

五、要賭就賭大的

絕大多數價值投資者天性保守。但巴菲特不是。他投資股市的620億美元集中在45支股票上。他的投資戰略甚至比這個數字更激進。在他的投資組合中，前10支股票占了投資總量的90％。

美國獨立研究機構晨星公司的高級股票分析師賈斯廷・富勒說：「這符合巴菲特的投資理念。不要猶豫不定，為什麼不把錢投資到你最看好的投資對象上呢？」

六、要有耐心等待

如果你在股市裡換手，那麼可能錯失良機。巴菲特的原則是：不要頻頻換手，直到有好的投資對象才出手。

巴菲特常引用傳奇棒球打擊手泰德・威廉斯的話：「要做一個好的擊球手，你必須有好球才可以打。」如果沒有好的投資對象，那麼他寧可持有現金。

據晨星公司統計，現金在伯克希爾—哈撒韋公司的投資配比中占18％以上，而大多數基金公司只有４％的現金。

第七章

巴菲特的祕密武器——查理・芒格

I・查理・芒格的出現

巴菲特是個幸運的傢伙，他在29歲那年遇見了一生中最難得的摯友——查理・芒格。兩人除了是事業的黃金搭檔，也是興趣相同、秉性接近的良師益友。

一九六二—一九七五年，芒格並沒有與巴菲特合作，而是獨自掌管著一家名為惠勒—芒格的合營投資公司。公司設在太平洋海岸證券交易大廈裡，只有一間非常簡樸的辦公室。「在扣除了日常的各項花費後，他獲得了高達19.8％的稅前複合收益率。」從一九六二年到一九六九年，芒格的投資成績都極為出色，但到了20世紀70年代早期便開始跌落至市場平均水平以下。

在一九七三—一九七四年證券暴跌期間，芒格與巴菲特開始聯合。當時，巴菲特已經和別人解除了合夥關係（但一九七三—一九七四年的證券衰落也給伯克希爾造成了50％的跌價）。

一九七四年年底，惠勒—芒格合營公司共有資產700萬美元，其中的370萬美元投資了藍籌股證券和新美國基金兩種有價證券。芒格家族大約有300萬美元投入到合夥資金中，其中200萬美元投資了房地產。接著在連續領先道瓊斯工業指數十一年後，芒格的資產大約為370萬美元，但時間不長就縮減為170萬美元。他並沒有因此而放棄和鬆懈。到一九七五年年底，他的資產又回升至300萬美元。

雖然芒格在商場上的經營，起初並不出色，但他聰明、善良、正直，擁有美好的婚姻與幸福的家庭，同時他為人處事相當低調，直到與巴菲特聯手合作後，人生才有了巨大的轉變。

從此之後，查理・芒格成為沃倫・巴菲特的黃金搭檔，並有「幕後智囊」和「最後的祕密武器」之稱，他在外界的知名度一直很低，透明度低，其智慧、價值和貢獻也被世人嚴重低估。

查理・芒格一九二四年1月1日出生於美國內布拉斯加州的奧馬哈市，一九四八年以優異的成績畢業於哈佛大學法學院，直接進入加州法院當了一名律師，並開始投資於證券以及聯合朋友和客戶進行商業活動，其中一些案例已被編入商學院的研究生課程。經歷一次成功買斷後，芒格漸漸意識到收購高品質企業的巨大獲利空間，「一家資質良好的企業與一家苟延殘喘的企業的區別在於，前者一個接一個地輕鬆作出決定，後者則每每遭遇痛苦抉擇。」

芒格此後開始涉足房地產投資，並在一個名為「自治社區工程」的專案中賺到人生的第一個百萬美元，但有趣的是，伯克希爾卻不做房地產投資。

從一九七八年起，擔任伯克希爾—哈撒韋公司的副主席至今。

巴菲特與芒格這對黃金搭檔創造了有史以來最優秀的投資紀錄。在過去40年裡，伯克希爾的股票以年均24％的增速突飛猛進，目前市值已接近1300億美元，擁有並運營著超過65家企業。

在破天荒地接受一家美國媒體專訪時，芒格仍然把這一切首先歸功於巴菲特：「在過去近50年的投資長跑中，他始終表現出超人的聰穎和年輕人般且與日俱增的活力。」巴菲特評價查理：「當他在商業上越來越有經驗的時候，他發現可以運用小卻實用的方法來規避風險。」

芒格借助他在其他領域取得的經驗和技巧，在房地產開發與建築事業上屢有斬

獲，而這時的巴菲特正在籌措自己的巴菲特合夥基金。與芒格早已與一些合作夥伴建立密切關係不同，巴菲特此前一直是獨家經營，當年遇到芒格時，巴菲特才29歲，芒格是34歲。

兩人一見如故並惺惺相惜，他說：「查理把我推向了另一個方向，而不是像格雷厄姆那樣只建議購買便宜貨，這是他思想的力量，他拓展了我的現野，我以非同尋常的速度從猩猩進化到人類，否則我會比現在貧窮得多。」。

芒格也承認他們共同的價值取向，「我們都討厭那種不假思索的承諾，我們需要時間坐下來認真思考，閱讀相關資料，這一點與這個行當中的大多數人不同，我們喜歡這種『怪僻』，事實上它帶來了可觀的回報。」

他們經常互通電話徹夜分析商討投資機會，「芒格把商業法律的視角帶到了投資這一金融領域，他懂得內在規律，能比常人更迅速準確地分析和評價任何一樁買賣，是一個完美的合作者。」一位合夥人感嘆道，「查理與沃倫比你想像的還要相像，沃倫的長處是說『不』，但查理比他做得更好，沃倫把他當做最後的祕密武器。」兩人雙劍合璧導演了一連串經典的投資案例，先後購買了聯合棉花商店、伊利諾伊國民銀行、喜詩糖果公司、維科斯金融金融公司、《布法羅新聞晚報》，投資於《華盛頓郵報》，並創立新美國基金。芒格此後成為藍帶印花公司的主席，並在一九七八年正式擔任伯克希爾—哈撒韋公司的董事會副主席至今。

查理・芒格認為，投資者應該糅合來自各個傳統學科的分析工具、方法公式，這些學科包括：歷史、心理、生理、數學、工程、生物、物理、化學、統計、經濟等，其理論基礎是：幾乎每個系統都受到多種因素的影響，所以若要理解這樣的系統，就必須熟練地運用來自不同學科的多元思維方式。

芒格常常站在投資理論系統之外想問題，他的思維與眾不同，使他經常可以得出一些有趣的結論——

「要記住那些竭力鼓吹你去做什麼事的經紀人，反正都是被別人支付傭金和酬金的，那些初涉這一行、什麼都不懂的投資者不如先從指數基金入手，因為它們畢竟由公共機構管理，個人化的因素少一些。一個投資者應當掌握格雷厄姆的基本投資方法，並且對商業經營有深入的瞭解，你要樹立一個觀念：對任何價值進行量化，並比較不同價位載體之間的優劣，這需要非常複雜的知識架構。」

芒格大體上同意「市場是有效率的這種說法」他說，「正因如此，成為一個聰額的投資者就尤其艱難，但我認為市場不是完全有效的，因此這個部分的有效性（some what efficient）就能夠帶來巨大的盈利空間，令人咂舌的投資紀錄很難實現，但絕非不可能，也不是金字塔頂尖的人才能做到，我認為投資管理界高端30％～40％的人都有這個潛力。學院派讚美多樣化的投資理念，這對優秀的投資者是一個傷害，伯克希爾風格的投資者極少嘗試多樣化。學院派的觀點只會使你對自己的投資紀錄與平均水平相差不遠、感受好一點而已。」

芒格認為很多時候當別人逐漸喪失理智時，成為一個理性的投資者的重要性不言而喻，「我們不會把450億美元隨便擺在那兒，但你必須能判斷出那個高科技股票直躥雲霄的瘋狂時刻並控制自己遠離。雖然——你掙不到任何錢，但卻可能倖免於滅頂之災。」

「對於被動式投資者而言，不同國家的文化對他們有不同的親和特質，有些是可信賴的，比如美國市場，有些則充滿不確定風險。我們很難量化這種親和特質和可信的原因，所以很多人就自欺欺人。這很危險，對於新興市場而言這是最重要的研究課題。」

芒格認為，從一大堆官方的經濟資料中根本無法清晰判斷美元與歐元之間匯率走向這樣的複雜問題，「經濟學家斯坦恩（Herb Stein）曾說過，如果某些事物不能永遠長存，那麼它終究會停下來。」

芒格認為，深刻理解怎樣變成一個卓越的投資者，有助於成為一個更好的經營者，反之亦如是。「沃倫經營產業的方式不需要花費多少時間，我敢打賭我們一半的生意巴菲特都不曾涉足，但這種輕鬆的管理方式帶來的績效卻有目共睹。巴菲特是一個從不介入微觀管理的優秀經營者。」他也分享了自己的投資體驗：「許多智商很高的人往往卻是最糟糕的投資者，原因是他們的品性缺陷，我認為優秀的品性比大腦更重要，你必須嚴格控制那些非理性的情緒，你需要鎮定、自律，對損失與不幸淡然處之，同樣地也不能被狂喜衝昏頭腦。」

芒格和巴菲特的老師格雷厄姆一樣，都以班傑明・富蘭克林為偶像，富蘭克林是美國18世紀最優秀的作家、投資者、科學家、外交家和商人，還對教育及公益事業做出了傑出貢獻。

芒格從富蘭克林那裡學到了一種思想，那就是一定要讓自己變得富有才能為人

類做出貢獻。「富蘭克林之所以能有所貢獻，是因為他有（資金）自由。」他說：「我常想做一個對人類有用的人，而不願死得像一個守財奴一樣。但有時，我離這樣一種思想境界還差得很遠。」——要為人類做出貢獻，就一定要變得富有，而要真正地富有，這個人就必須建立自己的企業。

他和巴菲特共同締造了伯克希爾這個21世紀企業界、投資界的楷模，還在一項鮮為人知的成就中起了重要的推動作用——正是他，在多年前發動了那場使墮胎在美國合法化的運動並最終取得勝利。另外，一九八九年他給美國儲蓄機構團體寫了一封信，抗議該組織不支援儲蓄和信貸業的各項改革並於當年退出該團體，此舉引起強烈反響。果然，儲備和信貸業終於在一九九七～九八年曝發了金融危機，成為美國歷史上最大的金融醜聞之一。

2・英雄兩人惺惺相惜

芒格擁有世上反應最靈敏的頭腦，他能一目十行，甚至你話沒說完，他就能理解你的意思。

——巴菲特

芒格不僅是巴菲特的朋友，而且是情趣相投的老朋友，更是可以相互替代的老搭檔。他和巴菲特一樣是個行為高尚、自我節制，有時愛好爭辯的人。巴菲特喜歡開玩笑說，好年頭時芒格是他的次要合夥人，壞年頭時又變成他的資深合作人。

查理・芒格與沃倫・巴菲特比你想像的還要相像，巴菲特的長處是說「不」，但芒格比他做得更好會說「不、不」，沃倫把他當作最後的祕密武器。

芒格比巴菲特大6歲，他是一名堅定的共和黨人，而巴菲特卻是民主黨支持者。芒格喜歡去湖邊釣魚，也喜歡去阿拉斯加水域搜尋大馬哈魚的蹤跡，巴菲特卻

對釣魚絲毫不感興趣。但在其他方面，他們兩個幾乎都能取得一致意見。巴菲特曾經說過，如果他們當中的一個疏忽了某件事情，那很可能另一個也會疏忽，因為他們的「過濾器」是相似的。

芒格和巴菲特工作起來迅速而高效。他們已經合作了這麼長時間，彼此都能猜出另一方對某件事情的想法與看法。

巴菲特說：「我和查理只需要通一個電話咕噥個兩三聲，就可以處理完一份整整四頁的備忘錄。」

巴菲特和芒格在做出商業決定時總要交換意見，距離不會給他們造成任何阻礙。他們認為，一個電話往往比半天的面談還更有成效。

巴菲特還說：「對我來說，小組決定的概念就是去照一照鏡子。」

記者們採訪不到巴菲特時，他們有時就會給芒格打電話，詢問巴菲特的近況。有人這樣讚嘆他們說：「兩位老前輩坐在門廊下面，用精明而現實的目光注視著一個不夠完美的世界，同時又百般思索，試圖找出能夠充分利用這一世界的良方。」多年來，巴菲特和芒格幾乎每天都要交談，只是最近幾年由於兩個人事務繁忙而減少了交流的時間。他們需要彼此。

芒格說：「每一個從事繁雜工作的人都需要同事，僅僅是訓練一下自己與別人保持思想一致也是件非常有益的事。」

巴菲特說：「我和華爾街上任何一個人談話的時間，可能都沒有和芒格談話時間的1%那麼多。」

在很多場合芒格都是巴菲特的主要配角，特別是他們兩個坐在會臺上主持股東年會的時候。一次，巴菲特在年會上談到了要努力使伯克希爾的投資保持穩定，他說：「遺憾的是，我們必須得提交某些報告。另外，我們最近採取了一項政策，決定將我們一年中購買的總價值等於或超過10億美元的那些企業列入年度報告。但是，我們兩個就此交流不多。是不是，查理？」

芒格回答說：「無可奉告。」

芒格從來就是巴菲特「犀利而理智的搭檔」。

巴菲特一旦遇到了自己難以決定的事情，他第一個請教的人便是芒格，多年來一向如此。「查理會說我做的每一件事都是愚蠢的。如果他說某件事實在是『非常愚蠢』，我便知道這件事確實如此。但如果他只是說『愚蠢』，我就認為他其實是

表示贊成。」

巴菲特曾經說過，世界上對他的事業影響最大三個人其中就有芒格，其他兩位是他的父親和班傑明・格雷厄姆。

巴菲特說格雷厄姆教給了他投資的理性框架以及適中穩定的模式，也就是說使他具備了這樣的一種能力——能冷靜地退後觀察，不受眾人的影響，股價下跌時不會恐慌。

沃倫・巴菲特承襲了格雷厄姆的投資理念，那就是買進低價位公司，然後坐享其成。他按照這種方法投資，賺到了不少錢。

但是，芒格的到來打破了格雷厄姆帶給巴菲特的基本思想的局限性，並一直通過尋找並高價收購那些被低估了的優質企業，進行價值投資。

芒格使巴菲特認識到，一個獲利能力持續增長的優秀企業也具有可觀的投資價值，同時也讓巴菲特嘗到了這麼做的甜頭。這也正是芒格對他產生的真正影響。

巴菲特曾經說過：「只有一股強大的力量才能使我認識到格雷厄姆的局限性並且有所進步，那就是查理的頭腦。他使我的視野變得開闊。」

正是芒格與巴菲特的合作以及高價位買進優質企業這一理論的引入，使巴菲特的價值投資理念日趨完善，創造了伯克希爾的投資神話。

芒格與巴菲特有共同的價值取向。「我們都討厭那種不假思索的承諾，我們需要時間坐下來認真思考，閱讀相關資料，這一點與這個行當中的大多數人不同。我們喜歡這種『怪僻』，事實上它帶來了可觀的回報。」

他們經常互通電話徹夜分析商討投資的事宜。

兩人是一對配合默契的搭檔，他們曾經創造了不少傲人的戰績。比如先後購買聯合棉花商店、伊利諾伊國民銀行、喜詩糖果公司、維科斯金融公司、《布法羅新聞晚報》等企業就是二人聯手的成果，當然投資於《華盛頓郵報》，並創立新美國基金會也是兩人的傑作。

3・查理・芒格的智慧

在二〇〇二年的伯克希爾年會上，芒格對價值投資做了更簡單的說明：「任何一個聰明的投資都是價值投資——投入的少，獲得的多。投資就是先找到為數不多的幾個優秀企業，然後安安穩穩地坐等結果。」

芒格思維敏捷，常常是妙語連珠。他還總結出一些關於價值投資的警句——「如果你想避免一次愚蠢的借貸帶來的損失，你的第一個機會就是不去借它，沒有第二次機會。」

現在我們來欣賞一些查理・芒格的關於價值投資的智慧經典語錄：

——我認識一位製造釣鉤的人，他製作了一些閃閃發光的綠色和紫色魚餌。我問：「魚會喜歡這些魚餌嗎？」「查理，」他說，「我可並不是把魚餌賣給魚的呀。」

——在遭遇一件令你難以接受的悲劇時，你永遠也不能因為擺脫不掉它的困擾而使自己在生活中再屢遭失敗，讓這一件悲劇變成兩件、三件。

——生活就是一連串的「機會成本」，你要與你能較易找到的最好的人結婚，投資與此何其相似啊。

——我喜歡資本家的獨立。我素來有一種賭博傾向。我喜歡構思計畫然後下賭注，所以無論發生什麼事我都能泰然處之。

——一個素質良好的企業和一個苟延殘喘的企業之間的區別就在於，好企業一個接一個輕鬆地做決定，而糟糕的企業則不斷地需要做出痛苦的抉擇。

——如果你的思維完全依賴於他人，只要一超出你的領域就求助專家建議，那麼你將遭受很多災難。

——我從不為股票而支付內在價值，除非像沃倫·巴菲特那種人所掌管的股票，只有很少人值得為了長期利益投資一點，投資遊戲總是蘊含考慮品質與價格，技巧就是從你付出的價格中獲得更好的品質，很簡單。

——不要同一頭豬摔跤，因為這樣你會把全身弄髒，而對方卻樂此不疲。

——人們低估了那些簡單大道理的重要性。我認為，在某種意義上說，伯克希爾—哈撒韋是一個教導性的企業，它教會一種正確的思維體系。最關鍵的課程是，一些大的道理真的在起作用。我想我們的這種滲透已經起到了非常好的作用，因為它們是如此簡單。

——所謂投資這種遊戲就是比別人更好地對未來做出預測。你怎樣才能夠比別人做出更好的預測呢？一種方法是把你的種種嘗試限制在自己能力許可的那些領域當中。如果你花費力氣想要預測未來的每一件事情，那你嘗試去做的事情太多了，你將會因為缺乏限制而走向失敗。

——我與巴菲特工作這麼多年，他這個人的優點之一是他總是自覺地從決策樹的角度思考問題，並從數學的排列與組合的角度思考問題。

——分散投資只會令自己分身不暇，應該重鎚出擊，集中火力專攻少數優質企業，創富路上便能一本萬利。

——人類並沒有被賦予隨時隨地感知一切、瞭解一切的天賦。但是人類如果努力去瞭解、去感知——通過篩選眾多的機會——就一定能找到一個錯位的賭注。而且，聰明的人會在世界提供給他這一機遇時下大賭注。當成功概率很高時會下大賭注，而其餘的時間則按兵不動，事情就是這麼簡單。

芒格促使巴菲特的思想發生了轉變，他不再只盯著那些廉價的企業，而是開始注重以稍高的價格買進那些有定價權、有品牌、經營品質高，而且持久性強的優秀企業。

巴菲特甚至會抱怨自己思想轉變得太晚，他曾經說：「如果開始不購買那些商業貼紙公司、鋁公司、紡織公司或風車公司，而是定位於優質企業的話，伯克希爾會比現在更好。」

芒格說過：「我和巴菲特總是不由自主地對人們趨之若鶩的事情表示懷疑。很早以前，當我明白擁有某種性情可以使人成功時，我就努力強化這一性情。就金融業來說，性情的重要性要遠遠超過智商。做這一行，並不需要你是個天才，但確實需要你具備適合的性情。」

第八章

《成為沃倫・巴菲特》

I·保持良好情緒的心態

巴菲特的導師格雷厄姆曾經這樣告誡投資者：「無法控制情緒的人，是不會從投資中獲利的。」巴菲特記住了老師的這句話，並且引以為戒。在多年的投資生涯中，巴菲特始終將情緒控制當成投資的重要保障，他認為一個人想要保持理性狀態，除了掌握更多的投資知識之外，最重要的就是要保持一個穩定的情緒，只有情緒保持穩定，個人的思維才會更加清晰，才能夠始終保持在一個相對穩定的狀態。

在現實生活中，很多投資者都存在盲目衝動的缺點，當其他人都瘋狂買入某支股票的時候，他們往往也會瘋狂跟進；當股價下跌的時候，他們又無法控制自己的擔憂和恐慌情緒，大都直接選擇拋售；當自己找到一個看起來還不錯的標的時，可能來不及仔細分析，就直接選擇投資。盲目的投資態度和激進的投資風格，會讓這些投資者失去對投資的判斷力，他們很難在複雜多變的市場中保持冷靜，自然也難以獲得成功。

在任何一次股災到來的時候，往往都是那些貪婪且不夠冷靜的投資者成為虧損最多的人，他們無法控制住冒著風險激情追漲的行為，這會讓他們落入陷阱。相比之下，巴菲特是一個非常善於控制情緒的人，無論是當企業或者投資標的出現問題的時候，還是市場出現了巨大的變化，巴菲特總是能夠保持淡定，外界的變動往往不會動搖巴菲特投資的信心和耐心。

但即便是巴菲特，有時候也免不了會犯錯，比如在二〇〇八年，他突然增持了康菲石油，那個時候的他意識到石油和天然氣價格將會不斷上漲，很多投資者開始跟進購買股票，巴菲特沒能忍住，所以在沒有徵詢查理・芒格和其他人的意見，就自作主張購買了大量康菲石油股票。半年之後，巴菲特為自己的衝動付出了代價，能源價格沒有像他預料的那樣出現上漲，反而出現了大幅下跌，為此他在當年致股東的信件中承認了自己的錯誤。巴菲特認為情緒是投資最大的障礙，自己的多次失敗投資都和情緒沒有得到有效控制有關，所以他更加迫切地要強調進行情緒管理。

當格雷厄姆寫好《聰明的投資人》一書時，巴菲特為恩師作了一篇序，在序言中他這樣說道：「要想在一生中獲得投資的成功，並不需要頂級的智商、超凡的商業頭腦或祕密的資訊，而是需要一個穩妥的知識體系作為決策的基礎，並且有能力控制自己的情緒，使其不會對這種體系造成侵蝕。本書能夠準確和清晰地提供這種知識體系，但對情緒的約束是你自己必須做到的。」

情緒管理是巴菲特的一大優勢，也是他給其他投資者的忠告，「情緒管理」主要是指在瞭解個人情緒變動之後，及時對情緒進行適當的管控和引導，確保自己不會受到負面情緒的困擾，不會被負面情緒牽引到一些錯誤的決策上。

情緒管理的方法有很多，比如給自己劃定一個可承受界限和安全區域，強制要求自己在股價上漲30％，或者下跌30％的區間內都要保持鎮定，這種區域劃分無疑會讓自己變得更加理性和穩定。

又或者可以選擇一些轉移壓力的方法，當個人情緒出現波動的時候，人們可以通過傾聽音樂、閱讀、與人交談等方式來轉移注意力，確保自己可以從那些「不重要」的事情當中走出來，保證情緒的穩定。

一些人在情緒受到外界影響並希望採取行動時，可以運用理性思維進行引導，比如給自己找一些不值得去做的理由，「這支股票未來一定會下降的」「那麼多人都看好這支股票，證明其中的風險很大」「目前的股價雖然很低，但是未來的收益還是非常值得期待的」——通過不斷的提醒和分析，可以有效抑制人們立即採取行

動的意願。或者有些人會選擇冷處理的方式，當自己想要做某件事，或者產生較大的情緒波動時，應當先冷處理一段時間，然後回過頭來看看自己是否值得這樣去做。冷處理的方式往往可以在第一時間讓人恢復理性，避免做出錯誤的決定。

考慮到情緒是會相互傳染和影響的，在管理自身情緒的時候，如何識別他人的情緒也至關重要，一個聰明人懂得如何安撫他人的情緒，懂得如何運用表達技巧來緩和彼此之間的情緒。為了確保溝通的順暢，人們可以通過細緻入微的觀察來感受他人語言與肢體語言中傳遞的信號，敏銳地把握住他人的需求和想法，確保自己的言論不會對他人的情緒產生影響。

巴菲特和芒格經常會在一起討論投資和管理方面的事情，在發表各自看法的同時，也免不了產生一些分歧，但是為了不會被情緒所左右，兩個人從來沒有發生過激烈的爭吵，也沒有以爭吵的態度去貶低和排斥對方的觀點，雙方都盡量將爭論控制在較為平和的情緒狀態中。巴菲特曾經說過：「芒格跟我，也許大家不相信，六十多年我們之間從來沒有發生過爭執，當然我們有在某些議題上的不同意見，但絕對不會爭執。情緒上面的衝突或者生氣等，在我們倆之間不會發生。因為查理比我更聰明，他覺得為了某些事情生氣、爭執，太浪費時間了。」

2・養成自我約束的習慣

巴菲特平時喜歡打高爾夫球，但是他的高爾夫技術的確不怎麼樣，通常情況下，他很難打出什麼優異的成績。有一次，他和球友們一起參加了一場高爾夫比賽，結果在為期三天的比賽中，巴菲特的表現糟糕至極，甚至沒有打擊出一桿進洞的成績。

球友們都拿他的表現開玩笑，有人甚至起哄要和巴菲特打賭，如果巴菲特在比賽中不能一桿進洞，那麼就要賠給每個人一百美元，但是一旦巴菲特做到了這一點，那麼所有人都必須賠給巴菲特二千美元，很顯然，這樣的賭注對巴菲特似乎十分有利。不過令人意外的是，巴菲特拒絕了這樣的賭局，因為對他而言，這樣的賭局自己勝算並不大，哪怕是別人給自己提供一萬美元，自己也不會同意。如果這一次因為小的賭局而冒險做自己能力範圍外的事情，那麼下一次可能就會在一些涉及幾億、幾十億，甚至幾百億美金的投資上衝動的行事作為。

嚴於律己——哪怕是在一些小事情上也保持嚴謹的態度，這就是巴菲特的生活和工作特質，他絕對不會在小事情上做一些違背原則的事情。

多年來，巴菲特的生活非常簡單，他基本上不會去賭場裡賭博（和朋友路過的話，了不起也是拉兩把吃角子老虎），基本上不會大手大腳花錢，不會提拔一個沒有能力的熟人，不會輕易相信任何一條內幕消息，不會隨意缺席一次內部會議。

對巴菲特來說，個人任何不合理的舉動都可能會破壞很不容易才建立起來的習慣，他覺得一個人如果不能在生活和工作中將小細節做到位，那麼就有可能在做出一些重大決策時產生一些不好的行為慣性。

巴菲特曾經說過：「我在生活中見過一些人，他們有的和我年紀差不多，有的比我年輕十幾二十歲，但是他們染上了一些壞習性，把自己毀了，改也改不掉，走到哪兒都招人煩。他們原來不是這樣的，但是習慣成自然，積累到一定程度，根本改不了了。」

在小事上的自我約束，是一個偉大人物必備的要素，他們或多或少都會在這件事情上有一點偏執。通常人們都會習慣性地認為做大事的人一定要具備大格局，要有大的謀略，要善於進行宏觀上的調控和把握。但事實上，越是有大局觀念的人，越是成就大事業的人，越是強調小細節上的控制和提升。對於資本市場上的博弈，投資者自身的習慣以及素養都非常重要，如果一個投資人不注重自身的言行舉止，可能就會給自己製造各種麻煩。

著名作家查爾斯・狄更斯在作品《一年四季》中說過這樣一句話：「有人曾經被問到這樣一個問題：『什麼是天才？』他回答說：『天才就是注意細節的人。』」

能夠在細節上約束自己，能夠在小事情上堅持原則的人，才能更好地把事情做好，因為人們所做的那些大事往往就是建立在一些細節考究上的。

這種細節考究往往體現在兩個方面，一個是客觀上的能力限制，一個是主觀上的態度。客觀上的能力限制主要就是指能力範圍之外的事情一定不要去做，哪怕自己潛在的獲利很高，也要注意自律，避免冒險。如果在一些小事情上不能充分瞭解自己的能力界限，那麼很可能會在大的決策上進行冒險，這樣無疑會讓自己、公司以及股東的權益遭受很大的威脅。

主觀上的態度是指投資者要有投資心態，而不是賭博心理，一個優秀的投資者不會用賭博的心態來面對工作和生活，哪怕是自己有能力去贏得賭局，也要盡量置身事外，因為一些不好的行為很可能會形成一種習慣，最終導致在投資上產生賭一把的心態。

在採取一個穩健的投資和盈利方式時，最重要的是確保自己不會受到一些不合理習慣的影響，而從小事上約束自己無疑是一個前提。許多人在工作和生活中所犯下的錯誤往往都是一些小事情引發的，就像投資者嘗試著在一次短期操作中獲利一樣，也許只要一次就會讓自己喪失原則。有些人可能習慣了自作主張，在一些小問題的決策上習慣了忽略外界的建議和意見，那麼在大的投資決策中，也會違背流程，選擇一些獨裁的決策模式。

有個投資人曾經講過一個故事——

在二〇〇八年的時候，有一位投資公司的經理人在查閱某家歐洲公司的年報時，因為不確定某一個數字是3.2，還是2.3，於是就隨便選擇了2.3，正好是因為選擇了這個數字，投資公司認為這家歐洲公司的發展存在一些問題，於是下令撤股。沒過多久，這家歐洲公司就在金融危機下倒閉，經理人的數字分析說明投資公司躲避了災難。按道理說投資公司會獎勵經理人，然後提拔這位經理人，可是公司最終的決定是，獎勵這位經理人四百萬美金，然後請他走路，將他辭退。獎勵四百萬美金，主要是因為經理人客觀上幫助投資公司躲避了數億美元的虧損，而做出辭退的選擇則是因為這個經理人在工作中的疏忽，這樣的人在這一次誤打誤撞中幫助了公司，在下一次則會因為疏忽將公司推入險境之中。

在投資領域，任何一個細微的變化，任何一個小細節上的忽視，任何一件小事的發生，都可能會對最終的結果產生影響。投資人在投資時要盡量避免這類事情的發生，在生活中也要避免類似的情況發生。只有在日常生活中約束自己，才能在工作中建立良好的習慣，才能堅定自己的工作原則。

3・逆向思維

巴菲特的黃金搭檔查理・芒格是一個智者，他還大巴菲特6歲，作為整個伯克希爾公司的另一個靈魂人物，他提出了很多非常有價值的思維模型，覺得一個人瞭解和建立的思維模型越多，就越是能夠處理好生活和工作中的事情，正因為如此，很多投資人都將芒格當成人生的導師。

而在芒格提倡的思維模型中，「逆向思維」是非常重要的內容，他經常會將逆向思維運用到投資當中，並形成了一整套另類的投資理念，其中一條就是：想要成為一位成功的投資者，那麼首先要想著如何成為一個失敗的投資者，按照他的話說，「我想知道我會死於何處，這樣的話我就永遠不會去到那裡。」

作為芒格的擁護者，巴菲特也是如此，他是一個逆向思維的忠實擁，並且認為只有選擇逆向思維，才能避免被「市場先生」迷惑，才能避免在市場上做出錯誤的決策。而他最典型的逆向思維就是那一句有關貪婪和害怕的辯證之論，無論別人貪婪，還是別人開始感到恐懼，巴菲特都會採取與之對立的方法，這樣做的目的就是確保自己不會被市場情緒捆綁，不會喪失獨立思考的能力。在他看來，市場的基本規律就是瘋漲之後必然會大跌，大跌之後必會回漲。因此，只要抓住股市漲跌的程度和時機就可以獲利。

在操作方式上，巴菲特同樣喜歡進行逆向操作，比如許多投資者喜歡先觀察股價，然後再分析和研究股票的價值，這樣做往往會因為股價的高低而產生先入為主的偏見，這些偏見容易影響決策的客觀性。而巴菲特會提前花很多時間對標的的內在價值進行仔細分析，給企業做出一個基本的估值，之後再選擇觀察股價。這種逆向操作的優勢就在於，能夠更加客觀地分析出企業的內在價值，能夠更好地把握住企業在未來發展道路上表現出來的趨勢和潛力。

而對於選股，巴菲特更是將逆向思考運用到位，比如多數人投資的時候，都會認為只有那些迎合時代發展的行業與企業，才真正值得投資，因為它們可以在時代發展帶來的紅利中獲得更大的收益，而那些傳統的產業基本上已經沒落了，也缺乏更大的投資價值。但是當別人都在看好科技股時，巴菲特卻強調傳統行業的投資優勢，能源製造、飲食、報紙等業務是巴菲特的最愛，這些行業更加成熟，而且擁有

更穩定的發展體系。

作為世界上最出色的投資人，巴菲特的思維活性與獨立性非比尋常，他不會輕易受到外界的影響，而這成為他在眾多投資人當中脫穎而出的關鍵，就像他所說的那樣，自己不是最聰明的，也不是專業能力最強的，但卻是投資領域最成功的，依靠的就是思維的獨立性與逆向思維能力。

「逆向思維」是一種特殊的思維模式，其主要特點就是當多數人都朝著一個固定方向思考問題時，某人卻獨自朝相反的方向思索，這種另類的思維方式就叫逆向思維。在日常生活中，多數人的常規思維模式都是一種正向思考的模式，基本上都是從問題出發進行必要的思考和推理，慢慢找到答案，而逆向思維則是反其道而行，從結論出發進行反向推理，從求解回到已知條件，這樣有時候反而會讓問題變得更加簡單。在數學、驗證題中，有時候就可以通過假設結局成立反向推理，看看是不是得出與已知條件相符合的資料，這種反向操作就是典型的逆向思維。

在投資領域，逆向思維的價值在於，它可以以一種更加合理的方式把握機會，因為整個市場本身是不可預測的，容易出現盲目行為，當很多人都在瘋狂追漲或者瘋狂拋售的時候，往往意味著轉折點即將到來，聰明的投資人應該按照這種形勢做出預判，儘管這種判斷並非總是準確，但無疑具有很強的合理性和指導意義。而且考慮到市場的不可預測性，有時候通過常規的分析很難得出理想的結果，人們很難依靠常規的方法和理論去解讀市場的內在規律，而反向操作無疑是一個可行的方法。

例如，某地有農戶種植葡萄發了財，第二年就有很多農戶跟進，在他們看來這個市場還沒有飽和，自己還有機會分一杯羹，當越來越多的人進入葡萄市場之後，雖然本地的葡萄打響了知名度，但是葡萄的價格開始下跌，銷量也受到了影響，如果再多進入一批人，市場供求將會徹底失衡。這個時候，一個投資者開始主動改變策略，他覺得既然葡萄會越種越多，那麼假設整個市場依然火爆，自己完全可以從這樣的結果中挖掘出新的商機，因此可以選擇成立一個葡萄包裝袋生產廠，還可以順帶著成立一個葡萄農藥供應基地，因為農戶肯定需要包裝袋和農藥。或者可以成立一個物流中心，負責將葡萄運送到外地。即便是葡萄行情不好，葡萄大量滯銷，他也可以依靠廠家來消化本地的葡萄，或者將葡萄運往外地。

對於投資人來說，需要明確一點，投資有時候不是順著形勢去創造價值，而是透過形勢的發展和變化，找到新的商機，而這恰恰是逆向思維的優勢，它可以從結論出發，幫助人們找到新的投資方向和投資方法。

4・學習新知

在很多人眼中，巴菲特是一個老頑固，在過去幾十年的投資生涯中，他的選股策略、選股標準，以及操作模式基本上都沒有變化，尤其是考慮到他在科技股上的投資非常糟糕，很多人由此認為巴菲特的投資理念已經過時了，認為巴菲特已經跟不上形勢的發展了。比如特斯拉創始人埃隆・馬斯克就曾批評巴菲特的「護城河」理論已經過時了，「從守舊和退化的角度來說，它似乎是不錯的。但是如果你對抗敵人的唯一壁壘就是護城河，那你支撐不了多久。真正重要的是創新的節奏，這才是維持競爭力的核心要素。」伯克希爾公司內部的一些股東也對巴菲特近年來的一些投資產生質疑和不滿，認為巴菲特在接觸新事物方面缺乏更加靈敏的觸覺，或者說他一直在抵觸新事物。

事實上，無論是對一些新的投資理念、一些新的操作方法，還是一些新的投資企業，巴菲特始終保持開放的態度，儘管他未必一定會進行新的投資，但是對於新事物的把握並沒有採取封閉的態度。比如投資比亞迪就是一次嘗試新鮮事物的行動，重要的是巴菲特對於這一次的嘗試還是比較滿意的。

芒格的合夥人李錄在談到比亞迪的電池技術時說過這樣一段話：「電池是增值最大的部分，而且決定了電動汽車的價值。在洛克菲勒將石油成功提煉以前，有三分之一的車都是電動的，後來亨利・福特通過內燃機技術，在浪費能源85%的情況下，讓製造發動機和汽車的成本大大降低，使得汽車走入普通人的生活。但多年以後，我們知道了燃燒石油會造成全球變暖，將來就算地球還存在，人類可能已經不在了。所以現在有很多理由來發展電動汽車。汽車電池的技術已經有了突飛猛進的發展，性價比已經可以和傳統汽車相提並論。比亞迪現在做的事情就是讓汽車電池進一步發展，使得用戶自己主動購買電動汽車。」

在購買比亞迪股份這件事上，巴菲特一開始並不感興趣，但是在芒格的引薦下，他嘗試著接觸這家汽車製造公司，雖然強調自己對電池不懂，對汽車原理一竅不通，但還是因為這一次的投資而打破了自定的好幾條準則。（編按・伯克希爾二○○八年砸2.32億美元投資比亞迪，到了二○二○年底市值已暴增至近59億美元。）

如果從巴菲特最近幾年的投資方向來看，巴菲特實際上對過去的發展歷史與現代的發展狀況進行了一次融合，他對此前不看好的一些行業與企業也不再那麼抵觸，而是嘗試著去多做瞭解，就像他學習那些新知識一樣，巴菲特始終抱著活到老學到老的態度，不會輕易封閉自己。這個從格雷厄姆理論體系中走出來的人，經歷了多次投資思維的轉變和調整，這種調整本身就是一種與新事物的巧妙融合。

正像他所說的那樣，「世界在劇烈改變，這是肯定的，50年以前跟現在完全不一樣。以前我們買紡織公司或是百貨公司，或是製鞋公司，原來這些都是我們的基礎行業，但我們也進行相應調整，有一些非常好的企業已在我們手下，我們也不希望再摧毀今天世界上的一些好定律。這是理想狀況。」

其實不僅僅是巴菲特，很多管理者和投資人或多或少都存在一些思維局限性，他們對於自己的投資理念、投資方法、投資標準都形成了固定的認知，這是他們投資體系中最核心也最堅挺的部分。而且不斷學習和接觸新的事物是很困難的，人們不可能在很短的時間內那麼快地做出改變，除非他們從一開始就沒有形成任何屬於自己的東西。

重要的是，巴菲特從來不會迴避自己的缺陷，對於一些新的東西，他會主動去了解，然後在合適的時機，在合適的企業上進行投資。事實上，那些批評者當中，沒有一個人取得了巴菲特這樣的成就。

不僅是對於巴菲特，對於任何投資人來說，保持開放的態度都是非常重要的，它可以確保人們與時代發展保持一致的步伐。但是對於任何一個聰明人來說，保持開放並不意味著就要嘗新，人們對新事物的接納需要一個過程，一個瞭解和評估的過程，就像對數字貨幣的投資一樣，數字貨幣也許會有一個美好的前途，但是多數人在數字貨幣的投資上是盲目而瘋狂的，尤其是當他們還沒有完全瞭解和挖掘數字貨幣的真實意義時，投資就是一種風險。

很顯然，真正在接觸新事物時，還是需要注意一些方法和原則，比如可以花時間去瞭解新事物，不要在第一時間就給予排斥，平時要多聽多看，接收一些新的信息流，必要的時候可以做一些小的嘗試，比如投資小部分的錢進行實驗；建立一個較為完整的評估機制，對新事物的發展進行詳細評估，為了確保評估的合理性，一方面可以求教更多的專業人才，另一方面則需要給自己劃定一個時間段，不要貿然做出判斷。對於投資者來說，保持一個穩定的投資方式至關重要，因此在接觸新事物方面也要保持必要的謹慎。

5・向巴菲特學習終生讀書

最近看了一部感觸頗深的記錄片——《成為沃倫・巴菲特》。

這是HBO拍攝的關於巴菲特最新的紀錄片，是目前為止我覺得拍的最好，也是最接近他真實生活的紀錄片。

這部紀錄片裡，巴菲特坦然褪去自己身上眾多的光環，展露了的自己最真實一面。影片裡的大部分鏡頭，都獻給了巴菲特的家人，回憶他的過去，以及記錄平常的生活——

巴菲特每天早上上班時，會開車路過麥當勞買一份早餐，帶到辦公室後享用。他的桌子上也一定擺放著一杯他鍾愛一生的可口可樂。

他在上班路上打趣的說道：「如果今天公司股票價格漲了，我就買4塊2的套餐；如果股價不好，哈，那我就買3塊8的。」

看著紀錄片你會發現，即使是如巴菲特這樣遙不可及的投資大師和世界首富，在生活中也不過是一個平凡的老人，非常的平易近人，甚至還會有很多和我們一樣的小毛病。

但是這部紀錄片也向我們展示了一個事實——

一個人一生如果想要獲得過人的成就，註定與讀書和終生學習形影不離。這個品質在巴菲特身上體現到了極致。

巴菲特一生致力於學習和研究股票投資，在學習這一件事情上他極為專注。他從小就開始閱讀和學習所有與股票投資相關的書籍。在他讀遍了父親所有的收藏後，他來到了哥倫比亞大學的圖書館，在書本的海洋裡求知若渴的閱讀。

通過自己的努力，他獲得了當時的哥倫比亞大學教授，同時也是著名的價值投資大師班傑明・格雷厄姆學習的機會，成為了他的學生。

因為一生勤奮和專注的學習，巴菲特成為了目前美國歷史上在股票投資這個領域，最有知識和經驗的人，並收穫了巨大的財富。

而真實生活中的他，在其他的事情上卻非常的愚笨，甚至連廚房的廚具都分不清楚。他也自嘲自己運氣太好，娶到了一個賢慧的太太，讓他擁有了一個幸福的家

庭，不用一輩子吃麥當勞。

巴菲特說每個人終其一生，只需要專注做好一件事就可以了。而終生讀書和學習，更是巴菲特堅持了一生的習慣和信仰。

巴菲特每天絕大多數的時光，都是獨自一人的在自己的書房或者辦公室靜靜的度過的。

他每天會按時起床，花大量的時間閱讀各種新聞、財報和書籍。他的辦公室沒有電腦，沒有智慧手機，只有身後書架上的書籍，和一桌子攤開的新聞報紙。

而他每天就坐在那裡閱讀和學習。時光靜靜流逝，他從年輕人變成了一個白髮蒼蒼的老人，六十年如一日。

關於巴菲特讀書之多這一點，他的合夥人查理・芒格曾經評價過：「我這輩子遇到的來自各行各業的聰明人，沒有一個不每天閱讀的——沒有，一個都沒有。而沃倫讀書之多，可能會讓你感到吃驚，他是一本長了兩條腿的書。」

終生閱讀和學習的巴菲特，即使在91歲的高齡，還掌管著全世界最大的投資公司，保持著敏銳的大腦和思維，以及對工作和生活的熱愛。

巴菲特說他不懼怕死亡，他覺得自己這一生度過的無比充實和幸福。他每天都會興致勃勃的起床，期待著今天發生的新鮮事，對他的工作樂在其中。

那些抱著想快速致富的人，看完這部紀錄片可能要失望了。巴菲特並沒有提供什麼點石成金的致富秘訣。與之相反，這部紀錄片給我們展示的真相是——成功不僅是枯燥的，甚至還是有點孤獨的。

一個人只有嚴於律己，長年累月的專注於做好一件事情，並且堅持終生讀書學習，才能享有隨之而來的成功、榮譽和財富。

成為世界首富其實並沒有什麼特別的捷徑，巴菲特只是通過一生的專注和終生學習，達到了現在的高度。這也是這部紀錄片想要傳遞的資訊。

很多人會說，我生活中需要什麼知識「現學現用」不就好了，學習只不過是為了應付考試和工作啊！

那我們為什麼還要終生學習呢？因為功利性學習的範圍是非常狹隘的，收獲也是非常有限的，但是終生學習的回報卻是不可估量的。

而實現終生學習的最佳途徑，就是閱讀大量優秀的書籍。

讀書不僅是獲取知識的手段，更能夠培養出一個優秀的人格。這是甚至比獲取知識更要有意義的一件事。

而當你閱讀了一定量的優秀書籍後，你會發現歷史上很多偉大和成功的人，都有著很多彼此呼應的勵志故事，人生觀和價值觀。這些感受會在潛移默化中影響著閱讀的你。

讀過《富蘭克林傳》的人都知道，富蘭克林借由《窮理查年鑑》傳播了許多有用和影響深遠的建議。他讚揚的美德包括勤奮、負責和節儉。這位美國開國之父的書籍和觀點，在隨後的兩個世紀裡，影響了千千萬萬的人。

而當你再讀到《品格》這本書時，你會發現書中寫到的影響世界的的偉人和思想家——像是最傑出的美國總統之一艾森豪・威爾總統，第二次世界大戰「勝利的組織者」馬歇爾將軍，為終結種族歧視奔走一生的鬥士菲力浦・藍道夫與貝爾德・拉斯廷……都或多或少體現了富蘭克林宣導的價值觀。

書中寫到一個故事，揭示了艾森豪威爾自律的行為是如何養成的。他的品行深受他的父親和他的家庭的影響。艾森・豪威爾的父親是德國移民後裔，是一個普通的小業主，但是做人做事認真負責，節儉而又自律。

因為經歷過破產的痛苦，他規定自己和公司的員工每個月必須將薪水的10％存起來，以防意外情況。要知道那個時候美國家庭的儲蓄習慣很糟糕，但是艾森豪・威爾的父親卻對資金和儲蓄有著嚴格的自律。正是靠著這點，他才讓自己的家庭過上了雖然不富裕，但卻體面和有尊嚴的生活，也保障了自己孩子和員工的生活。

這種自律的行為深深影響了艾森豪・威爾，使他能夠通過嚴於律己晉升為一個嚴格而又優秀的軍官，最終成為了一個偉大的美國總統。

博覽群書的你會發現，從富蘭克林到艾森豪・威爾，再到巴菲特，無論他們身處哪個時代，這些成功和偉大的人都有著類似的優秀品質和人格的共鳴。

當你用心閱讀了大量的書籍後，會更加深刻的感受到——一個成功和優秀的人的背後，必然有一個偉大的人格。而在他們身上那些普世而又優秀的品格，像是勤奮、節儉和自律，會通過書本的傳承，耳濡目染的影響著你，在閱讀中提高你的心智水平，讓你收獲更高的人生境界和品格上的財富。

很多時候，我們所說的社會階級上的固化和差異，並不僅僅是財富上的差距，更多是每個人眼界和選擇的不同。而讀書和終生學習，是我們每個人用最低的成

本，提高自己的知識、眼界和人格的最佳途徑。

我們也許沒有辦法決定我們出生和階層，但是我們每個人都可以通過讀書和終生學習，為自己塑造一個優秀的人格，實現個人的提高和階級的突破。

而一旦擁有了優秀的人格，你會更加堅定一個普世的信念：「如果你想獲得你想要的東西，那就得讓自己配得上它。信任，成功和欽佩都是靠努力獲得的。」在這個信念面前，所有投機取巧的捷徑和不勞而獲的想法，都會在你的眼中褪去光芒，襯托出你個人努力的熠熠光輝。

——這也許是為什麼我們要終生讀書和學習的最好答案。

第九章

巴菲特定律

I・方向比速度重要

——巴菲特一九九八年10月15日在佛羅里達大學商學院的演講全文

巴菲特：（手持麥克風）測試，1百萬、2百萬、3百萬。

我先簡單說幾句，把大部分時間留下來回答大家的問題。我想聊聊大家關心的話題。請各位提問的時候一定要刁鑽。你們問的問題越難，才越好玩。什麼都可以問，就是不能問上個月我交了多少稅，這個問題我無可奉告。

各位同學，你們畢業之後未來會怎樣？我簡單說說我的想法。各位在這所大學能學到大量關於投資的知識，你們將擁有成功所需的知識，既然各位能坐在這裡，你們也擁有成功所需的智商，你們還有成功所需的拼勁。你們大多數人都會成功地實現自己的理想。

但是最後你到底能否成功，不只取決於你的頭腦和勤奮。我簡單講一下這個道理。奧馬哈有個叫彼得・基威特的人，他說他招聘新人的時候看三點：品行、頭腦和勤奮。他說一個人要是頭腦聰明、勤奮努力，但品行不好，肯定是個禍害。品行不端的人，最好又懶又蠢。

我知道各位都頭腦聰明、勤奮努力，所以我今天只講品行。為了更好地思考這個問題，我們不妨一起做個遊戲。各位都是MBA二年級的學生，應該很瞭解自己周圍的同學了。假設現在你可以選一個同學，買入他今後一生之內10％的收入。你不能選富二代，只能選靠自己奮鬥的人。請各位仔細想一下，你會選班裡的哪位同學，買入他今後一生之內10％的收入。

你會給所有同學做個智商測試，選智商最高的嗎？未必。你會選考試成績最高的嗎？未必。你會選最有拼勁的嗎？不一定。因為大家都很聰明，也都很努力，我覺得你會主要考慮定性方面的因素。好好想想，你會把賭注壓在誰的身上？也許你會選你最有認同感的那個人，那個擁有領導能力，能把別人組織起來的人。這樣的人應該是慷慨大方的、誠實正直的，他們自己做了貢獻，卻說是別人的功勞。我覺得讓你做出決定的應該是這樣的品質。找到了你最欽佩的這位同學之後，想一想他身上有哪些優秀品質，拿一張紙，把這些品質寫在紙的左邊。

下面我要加大難度了。為了擁有這位同學今後一生10%的收入，你還要同時做空另一位同學今後一生10%的收入，這個更好玩。想想你會做空誰？你不會選智商最低的。你會想到那些招人煩的人，他們可能學習成績優秀，但你就是不想和他們打交道，不但你煩他們，別人也煩他們。為什麼有人會招人煩？原因很多，這樣的人可能自私自利、貪得無厭、投機取巧或者弄虛作假。類似這樣的品質，你想想還有什麼，請把它們寫在剛才那張紙的右邊。

看看左右兩邊分別列出來的品質，你發現了嗎？這些品質不是把橄欖球扔出60米，不是10秒鐘跑完100米，不是相貌在全班最出眾。左邊的這些品質，你真想擁有的話，你可以有。

這些是關於行為、脾氣和性格的品質，是能培養出來的。在座的各位，只要你想要獲得這些品質，沒一個是你得不到的。再看一下右邊的那些品質，那些令人生厭的品質，沒一個是你非有不可的，你身上要是有，想改的話，可以改掉。大多數行為都是習慣成自然。我已經老了，但你們還年輕，想擺脫惡習，你們年輕人做起來更容易。常言道，習慣的枷鎖，開始的時候輕的難以察覺，到後來卻重的無法擺脫。這話特別有道理。我在生活中見過一些人，他們有的和我年紀差不多，有的比我年輕十幾二十幾歲，但是他們染上了一些壞習性，把自己毀了，改也改不掉，走到哪都招人煩。他們原來不是這樣的，但是習慣成自然，積累到一定程度，根本改不了了。你們還年輕，想養成什麼習慣、想形成什麼品格，都可以——就看你自己怎麼想了。

班傑明・格雷厄姆，還有他之前的班傑明・富蘭克林，他們都這麼做過。格雷厄姆十幾歲的時候就觀察自己周圍那些令人敬佩的人，他對自己說：「我也想成為一個被別人敬佩的人，我要向他們學習。」格雷厄姆發現學習他敬佩的人，像他們一樣為人處世，是完全做得到的。他同樣觀察周圍遭人厭惡的人，擺脫他們身上的缺點。我建議大家把這些品質寫下來，好好想想，把好品質養成習慣，最後你想買誰10％的收入，就會變成他。

你已經確定擁有自己百分之百的收入，再有別人的10％，這多好。你選擇了誰，你都可以學得像他一樣。

我要講的道理講完了，下面聊聊大家感興趣的，請各位提問吧。

提問：請談談您對日本的看法？

巴菲特：我對日本的看法？我不研究宏觀問題。我就想啊，伯克希爾可以在日本以1％的利率借到十年期的貸款，1％的利率！我就琢磨了，我45年前聽了格雷厄姆的課，一輩子都在研究這些東西，我要是用點心，收益率應該能超過1％吧？應該能做到吧？

我不想承受匯率風險，所以我必須投資以日元計價的標的，只能投資日本房地產或日本公司，收益率超過1％就行，因為我的資金成本就是十年期利率1％。我一直在找，還一個都沒找到，你說有意思不？日本公司的淨資產收益率很低，大多數公司的資淨資產收益率只有4％到6％。如果你投資的公司本身都不賺錢，你也很難賺錢。

有的人能做到。我有個朋友，沃爾特·施洛斯，當年我們都為格雷厄姆打工。我一開始買股票就這麼買的，買那些股價遠遠低於營運資金的股票，從定量分析上看非常便宜的股票，我把這種投資方法叫「撿煙屁股」。那就像是在大街上四處溜達，看看哪裡有煙屁股可撿。最後發現了一個，上面帶著口水，看起來很噁心，但是尚有一小段菸絲還能抽一口，於是彎下腰把它撿起來，免費抽了一口。有的股票和別人扔的煙屁股一樣。可以撿起來免費抽一口，扔掉，然後繼續在大街上四處溜達，接著撿。一點都不體面。撿煙屁股的投資方法管用，但是用這種方法買的都是資產回報率很低的生意。

時間是好生意的朋友、爛生意的敵人。如果長期持有一個爛生意，就算買得再便宜，最後也只能取得很爛的收益。如果長期持有好生意，就算買得貴了一些，只要長期持有，還是會取得出色的收益。

我現在在日本沒找到值得買的好生意。或許日本公司需要改變一下文化，管理層應該更注重股東利益，更注重提高股票的回報率。別說現在日本的大多數公司收益率很低，連日本經濟繁榮的時候，也是如此。真是很奇怪，日本有不少公司佔領了巨大的市場，卻沒幾個值得投資的。日本公司把生意做得很大，但是淨資產收益率太低，最後就出問題了。我們在日本還沒有投資。只要日元保持1%的利率，我們就會接著去找了。

提問：有傳言說您是救贖長期資本管理公司的買家之一，到底發生了什麼，能給我們講講嗎？

巴菲特：最新一期的《財富》雜誌，封面上是魯伯特・梅鐸（媒體大亨）默多克，其中有一篇報導，講了我們是如何參與的。這件事非常耐人尋味。說來話長，我從我們開始參與時講起——那是一個星期五的下午，我接到了一個電話，說長期資本管理公司出大事了。那天晚上我要參加我孫女的生日聚會，然後要飛到西雅圖，和蓋茲一家乘船遊覽阿拉斯加，行程是12天。後來，我在船上，和外界聯繫很困難。之前我也接到過幾次電話，但在週五下午接到的那個電話裡，我知道真是出大事了。我認識長期資本管理公司的那些人，和其中一些人還很熟，我臨時接手所羅門的時候，他們中的很多人當時都在。長期資本管理公司要崩盤了，週末美聯儲派人進駐。從那個星期五到下一週的星期三，美聯儲紐約分行組織了一次紓困行動，希望在聯邦政府不出錢的情況下能拯救長期資本，但是沒成功。我非常積極地參與這件事，但是船在峽谷之間航行，根本沒信號，我對看風景毫無興趣。船長說往那邊航行，也許能看到熊和鯨魚。我說哪有衛星信號往哪開。

星期三上午我們給了一個報價。在和美聯儲紐約分行的比爾・麥克唐納談過之後，我們出價2.5億美元買入長期資本的淨資產，此外還將注資37.5億美元，其中伯克希爾出資30億，AIG出資7億，高盛出資3億。我們提交了方案，但是只給對方很短的時間考慮。我們要買的是一千億美元的證券，價格瞬息萬變，但我們的出價是固定的，所以不可能給對方很長時間。

最後，投行的人把交易談成了。這件事很耐人尋味。長期資本管理公司的由來，相信在座的大多人都知道，實在太令人感慨了，約翰・梅里韋瑟、艾瑞克・羅森菲爾德、拉里・希利布蘭德、格雷格・霍金斯、維克多・哈格哈尼，還有兩位諾貝爾獎桂冠得主羅伯特・默頓和邁倫・舒爾茲，把他們這16個人加起來，他們的智商該多高，隨便從哪家公司挑16個人出來，包括微軟，都沒法和他們比。

第一、他們的智商高得不得了。第二、他們這16個人都是投資領域的老手。他們不是倒賣服裝發的家，然後來搞證券的。他們這16個人加起來，有三四百年的經驗了，一直都在投資這行摸爬滾打。第三、他們大多數人都幾乎把自己的整個身家財產都投入到了長期資本管理公司，他們把自己的錢也投進去了。他們自己投了幾億的錢，而且智商高超，經驗老道，結果卻破產了。真是讓人感慨！

要讓我寫一本書的話，書名我都想好了，就叫《聰明人怎麼做蠢事》，我的合夥人說我的自傳可以叫這個名字。但是，我們從長期資本這件事能得到很多啟發。長期資本的人都是好人。我尊重他們。當我在所羅門焦頭爛額的時候，他們幫過我。他們根本不是壞人！

但是，他們為了賺更多的錢，為了賺自己不需要的錢，把自己手裡的錢，把自己需要的錢都搭進去了。這不是傻是什麼？絕對是傻，不管智商多高，都是傻。

為了得到對自己不重要的東西，甘願拿對自己重要的東西去冒險，哪能這麼幹？我不管成功的概率是100比1，還是1000比1，我都不做這樣的事。假設你遞給我一把槍，裡面有一千個彈倉、一百萬個彈倉，其中只有一個彈倉裡有一顆子彈，你說：「把槍對準你的太陽穴，扣一下扳機，你要多少錢？」我不幹。你給我多少錢，我都不幹。要是我贏了，我不需要那些錢；要是我輸了，結果不用說了。這樣的事，我一點都不想做，但是在金融領域，人們經常做這樣的事，都不經過大腦。

有一本很好的書，不是書好，是書名好。這是一本爛書，但是書名起得很好，是沃爾特・古特曼寫的，書名是《一生只需富一次》。這個道理難道不是很簡單嗎？假設年初你有1億美元，如果不上槓桿，能賺10％，上槓桿的成功率是99％，能賺20%，年末時你有1.1億美元，還是1.2億美元，有區別嗎？沒一點區別。要是年末你死了，寫訃告的人可能有個筆誤，雖然你有1.2億，但他寫成了1.1億。多賺的錢有什麼用？一點用沒有。對你、對你的家人，對別人，都沒用。

要是虧錢了的話，特別是給別人管錢，虧的不但是錢，而且顏面掃地、無地自容，把朋友的錢都虧了，沒臉見人。我真理解不了，怎麼有人會像這16個人一樣，智商很高、人品也好，卻做這樣的事，一定是瘋了。他們吃到了苦果，因為他們太依賴外物了。我臨時掌管所羅門的時候，他們和我說，六個西格瑪的事件、七個西格瑪的事件傷不著他們。他們錯了。只看過去的情況，無法確定未來金融事件發生的概率。他們太依賴數學了，以為知道了一支股票的貝塔係數，就知道了這支股票的風險。要我說，貝塔系數和股票的風險根本是八竿子打不著。

會計算西格瑪（編按・數學符號，主要用於求多項數字之總和），不代表你就知道破產的風險。我是這麼想的，不知道現在他們是不是也這麼想了。說真的，我都不願意以長期資本為例。我們都有一定的概率會攤上類似的事，我們都有盲點，或許是因為我們瞭解了太多的細枝末節，把最關鍵的地方忽略了。亨利・考夫曼說過一句話：「破產的有兩種人，一種是什麼都不知道的，一種是什麼都知道的。」

說起來，真是令人扼腕嘆息！

同學們，大家要引以為戒。我們基本上沒借過錢，當然我們的保險公司裡有浮存金（保戶向保險公司交納的保費會留存一定比例在保險公司可供投資）。但是我壓根沒借過錢。我只有1萬塊錢的時候都不借錢，不借錢不一樣嗎？我錢少的時候做投資也很開心。我根本不在乎我到底是有1萬、10萬，還是100萬。除非遇上了急事，比如生了大病急需用錢。

當年我錢很少，但我也沒盼著以後錢多了要過不一樣的生活。從衣食住行來看，你我之間有什麼差別嗎？我們穿一樣的衣服，我們都能喝天賜的可口可樂，我們都能吃上麥當勞，還有更美味的DQ冰淇淋，我們都住在冬暖夏涼的房子裡，我們都在大螢幕上看橄欖球賽。你在大電視上看，我也在大電視上看。我們的生活完全一樣，沒多大差別。要是你生了大病，會得到良好的治療。如果我得了大病，也會得到良好的治療。我們唯一不一樣的地方是我們出行的方式不同。我有一架小飛機，可以飛來飛去，我特別喜歡這架飛機，這是要花錢的。除了我們出行的方式不同，你說有什麼是我能做，但你做不了的嗎？

我有一份我熱愛的工作，但我一直都在做我喜歡的工作。當年我覺得賺一千美

元是一大筆錢的時候，我就喜歡我的工作。同學們，做你們喜歡的工作。要是你總做那些自己不喜歡的工作，只是為了讓簡歷上的工作經歷更漂亮，那你真是糊塗了。有一次，我去做一個演講，來接我的是一個28歲的哈佛大學的學生。我聽他講完了他的工作經歷，覺得他很了不起。我問他：「以後你有什麼打算？」他說：「等我MBA畢業後，可能先進一家諮商公司，這樣能給簡歷增加一些分量。」我說：「你才28歲，已經有這麼漂亮的工作經歷了，你的簡歷比一般人的漂亮10倍。你還接著做自己不喜歡的工作，不覺得有點像年輕的時候把性生活省下來，留到歲數大的時候再用嗎？」

或早或晚，你們都應該開始做自己真心想做的事。我覺得我說的話，大家都聽明白了。各位畢業之後，挑一個自己真心喜歡的工作，別為了讓自己的簡歷更漂亮而工作，要做自己真心喜歡的。時間久了，你的喜好可能會變，但在做自己喜歡的事的時候，早晨你會從床上跳起來。我剛從哥倫比亞大學商學院畢業，就迫不及待地希望立刻為格雷厄姆工作。我說我不要工資，格雷厄姆說我要的薪水太高了（意思是說，不要的反而貴）。我一直騷擾他。回到奧馬哈後，我做了三年股票經紀人，一直給格雷厄姆寫信，告訴他我發現的投資機會。最後，我終於得到了機會，在他手下工作了一兩年。那是一段寶貴的經歷。

總之，我做的工作始終都是我喜歡的。你財富自由之後想做什麼工作，現在就該做什麼工作，這樣的工作才是理想的工作。做這樣的工作，你會很開心，能學到東西，能充滿激情。每天會從床上跳起來，一天不工作都不行。或許以後你喜歡的東西會變，但是現在做你喜歡的工作，你會收獲很多。我根本不在乎工資是多少。不知怎麼，扯得有點遠了。

總之，如果你現在有1塊錢，以為將來有2塊錢的時候，自己能比現在過得更幸福，你可能想錯了。你應該找到自己真心喜歡做的事情，投入地去做。別以為賺10倍或20倍能解決生活中的所有問題，這樣的想法很容易把你帶到溝裡去。在不該借錢的時候借錢，或者急功近利、投機取巧，做自己不該做的事，將來都沒地方買後悔藥。

提問：您喜歡什麼樣的公司？

巴菲特：我喜歡我能看懂的生意。先從能不能看懂開始，我用這一條篩選，

90%的公司都被過濾掉了。我不懂的東西很多，好在我懂的東西足夠用了。世界如此之大，幾乎所有公司都是公眾持股的。所有的美國公司，隨便挑。首先，有些東西明知道自己不懂，不懂的，不能做。

有些東西是你能看懂的。可口可樂，是我們都能看懂的，誰都能看懂。可口可樂這個產品從一八八六年起基本沒變過。可口可樂的生意很簡單，但是不容易。我不喜歡很容易的生意，生意很容易，會招來競爭對手。我喜歡有護城河的生意。我希望擁有一座價值連城的城堡，守護城堡的公爵德才兼備。我希望這座城堡周圍有寬廣的護城河。護城河的表現形式有很多。我們的汽車保險公司GEICO的護城河是低成本。

汽車保險是必須買的，每輛車都要買一份。我們沒辦法讓一個人買20份車險，但是他必須買一份。人們買車險看的是什麼？看服務和價格。在大多數人眼裡，各家保險公司的服務大同小異，所以人們買車險最後主要看價格。因此我們必須是成本最低的，這是我們的護城河。只要我們的成本比競爭對手又低了一些，我們的護城河裡就多了一兩條鯊魚。如果你擁有一座漂亮的城堡，不管什麼時候，總會有人來進攻，要把城堡從你手裡搶走。我希望要的城堡是我能看懂的，而且城堡周圍要有護城河。

30年前，伊士曼柯達的護城河和可口可樂的護城河一樣寬。那時候，你想給自己六個月大的孩子照一張相，希望20年後，50年後，相片還能一樣清晰。你不是專業的攝影師，不知道照片到底能不能保留到20年或50年之後，只能選擇最值得信賴的膠捲公司。你要拍的照片對你有很重要的紀念意義，不能馬虎。柯達公司承諾今天拍的照片在20年到50年後仍然栩栩如生。30年前，柯達深受人們的信任，柯達擁有護城河。柯達擁有的是心理份額，市場份額算什麼，我說的是心理份額。柯達的黃色小盒子在整個美國、在全世界所有人的心裡都有一席之地，人們都知道柯達是最好的。這是用多少錢都買不來的。後來，柯達的護城河還在，但是卻被削弱了。

這不是喬治・費舍爾的錯，喬治做得很好，但柯達的護城河變窄了。柯達眼看著富士攻了過來，富士不斷地蠶食柯達的護城河。柯達眼看著富士成為奧運會的贊助商。過去在人們心目中，只有柯達才能配得上拍攝奧運會，富士把柯達的光環搶走了。富士搶了柯達的聲譽，也搶走了柯達在人們心目中的份額。於是，富士逐漸開始和柯達平起平坐。

可口可樂沒這樣的遭遇。現在可口可樂的護城河比30年前更寬了。可口可樂的

護城河，你看不到它每天在加寬。但是每次可口可樂在某個國家投資開一家新工廠，新工廠不賺錢，要20年後才能賺錢，它的護城河都會變寬一點。萬事萬物都無時無刻不在發生微小的改變，不是朝一個方向，就是另一個方向。十年後，我們就能看到明顯的區別。我經常對伯克希爾子公司的管理者說，加寬護城河。往護城河裡扔鱷魚、鯊魚，把競爭對手擋在外面。這要靠服務、靠產品品質、靠成本，有時候要靠專利或營業地點。我要找的就是這樣的生意。

在哪能找到這樣的生意呢？我從那些簡單的產品裡尋找好生意。像甲骨文、蓮花、微軟這些公司，我搞不懂它們的護城河十年之後會怎樣。蓋茲是我遇到過的最優秀的商業奇才，微軟也擁有巨大的領先優勢，但我真不知道微軟十年後會怎樣，無法確切地知道微軟的競爭對手十年後會怎樣。我知道口香糖生意十年後會怎樣。互聯網再怎麼發展，都不會改變我們嚼口香糖的習慣，好像沒什麼能改變我們嚼口香糖的習慣。肯定會有更多新品種的口香糖出現，但白箭和黃箭會消失嗎？不會。你給我10億美元，讓我去做口香糖生意，去挫挫箭牌的威風，我做不到。我就是這麼思考生意的。我自己設想，要是我有10億美元，我能傷著這家公司嗎？給我100億美元，讓我在全球和可口可樂競爭，我能傷著可口可樂嗎？我做不到。這樣的生意就是好生意。

你要說給我一些錢，問我能不能傷著其他行業的一些公司，我知道怎麼做。

我尋找的是簡單的生意，很容易理解，當前的經濟狀況良好，管理層德才兼備，這樣的生意，我能大概看出來它們十年後會怎樣。有的生意，我看不出來十年後會怎樣，我不買。一支股票，假設從明天起紐約股票交易所關門五年，我就不願意持有了，這樣的股票，我不買。我買一家農場，五年裡沒人給我的農場報價，只要農場的生意好，我就開心。我買一個房子，五年裡沒人給我的房子報價，只要房子的回報率達到了我的預期，我就開心。人們買完股票後，第二天一早就盯著股價，看股價決定自己的投資做得好不好。糊塗到家了。

買股票就是買公司，這是格雷厄姆教給我的最基本的道理。買的不是股票，是公司的一部分所有權。只要公司生意好，而且你買的價格不是高得離譜，你的收益也差不了。投資股票就這麼簡單。要買你能看懂的公司，就像買農場，你肯定買自己覺得合適的。沒什麼複雜的。

這個思想不是我發明的，都是格雷厄姆提出來的。我特別走運。19歲的時候，我有幸讀到了《聰明的投資人》。我六、七歲的時候就對股票感興趣，十一歲時第

一次買股票。我一直都在自己摸索，看走勢圖、看成交量，做各種技術分析的計算，什麼路子都試過。後來，我讀到了《聰明的投資人》，書裡說，買股票，買的不是代碼，不是上躥下跳的報價，買股票就是買公司。我轉變到這種思維方式以後，一切都理順了。道理很簡單。所以說，我們買我們能看懂的公司。

在座的各位，沒有看不懂可口可樂公司的，但是某些新興的互聯網公司呢，我敢說，在座的各位，沒一個能看懂的。

今年在伯克希爾的股東大會上，我說要是我在商學院教課，期末考試時，我會出這樣的題目，告訴學生一家互聯網公司的信息，讓他們給這家公司估值。哪個學生給出了估值，我就給他不及格。（笑）

我不知道怎麼給這樣的公司估值，從人們每天的行為看，他們覺得自己能做到，買互聯網公司更刺激。有的人把買股票當成看賽馬，那無所謂了，但是如果你是在投資的話，投資是把資金投進去，確定將來能以合適的收益率收回資金。

無論什麼時候，都要知道自己在做什麼，這樣才能做好投資。必須把生意看懂了，有的生意是我們能看懂的，但不是所有生意我們都能看懂。

提問：您在前面講到了要看懂生意，講了買股票就是買公司。您還提到了，投資一家公司要獲得合適的回報率。您只說了一半，到底該花多少錢買一家公司呢？您如何決定價格合理？

巴菲特：多少錢買合適，很難決定。一家公司的確定性如果不是特別高，我不買。但是確定性特別高的話，價格一般都不便宜，實現不了多高的回報率。一件事，誰都做得到，憑什麼有每年40％的回報率？我們想的不是怎麼獲得超高的回報率，而是始終牢記永遠不虧錢。一九七二年，我們買了喜詩糖果。當時喜詩每年能賣出1600萬磅糖果，每磅售價1.95美元，每磅利潤0.25美元，稅前利潤是400萬美元。我們花了2500萬買到了喜詩，喜詩用不著多投入（研發）資本。我和我的合夥人查理在研究這家公司的時候，我們特別看好的一點是，它有定價權，有提價的潛力。1.95美元一盒的糖果，能否輕鬆提價到2美元或2.25美元呢？如果能賣到2.25美元，每磅多賺0.30美元，按1600萬磅的銷量，能多賺480萬美元，2500萬美元的買入價很合適。我們投資這麼多年，從沒請過諮詢公司。我們眼中的諮詢是去喜詩的店裡買一盒糖果，嘗一嘗。

我們確切知道的是，喜詩在加州擁有心理份額，喜詩在人們心中很特別。加州的每個人心中都有喜詩糖果，人們對喜詩糖果的印象特別好。情人節送女孩一盒喜詩，會得到女孩的吻。如果被女孩扇一巴掌，我們就沒生意可做了。只要送喜詩能得到女孩的吻，我們就在人們的心中擁有一席之地。人們一想到喜詩糖果，就想到親吻。只要我們能在人們心中穩固這個形象，我們就能提價。一九七二年買入喜詩之後，我每年都在耶誕節的第二天12月26日提價，因為耶誕節正是我們大賣的時候。今年我們能賺6000萬美元，我們能賣出3000萬磅，每磅賺2美元。還是那家公司，還是一樣的配方，什麼都沒有改變，我們今年能賺6000萬美元，喜詩還是用不著多投入一分錢資本。10年以後，喜詩會賺更多的錢。在這6000萬美元裡，有5500萬美元是耶誕節之前的三個星期賺的。我們公司的主題歌是「耶穌基督真是我們的好朋友」。（笑）

喜詩是個好生意。這個生意最關鍵的地方在哪呢？大家想一下。大多數人買盒裝的巧克力不是為了自己吃，而是作為禮物送人，在別人過生日或者節日到來的時候，送給別人。每年的情人節是我們全年銷售額最高的一天。聖誕季是我們全年銷售額最高的一季。女人們買喜詩糖果為耶誕節做準備，她們會提前買，購買時間是耶誕節前的兩三個星期。男人在情人節當天買喜詩。男人們在開車回家的路上，收音機裡傳出了我們投放的廣告。內疚、內疚、內疚，男人們左右變道，心裡非常不安。聽到了我們的廣告，他們不帶一盒喜詩回家都不敢進門。所以每年的情人節是我們全年銷售額最高的一天。

多虧了我的聰明才智，現在喜詩每磅售價11美元，假設另一種糖果每磅售價6美元，多年來，你的妻子心裡裝滿了對喜詩的良好印象，你能想像這樣的情景嗎？情人節那天，你走進家門，把一盒糖果遞給你妻子，說：「親愛的，今年我買了便宜貨。」根本不行。喜詩擁有提價的潛力，它對價格不是特別敏感。

再想想迪士尼。迪士尼的一部電影售價大概是16.95美元，要不就是18.95美元。全世界的人，特別是全世界的母親們，心裡都對迪士尼有好感。我一說迪士尼這個名字，在座的各位腦海裡都能浮現出一些東西。要是我說環球影業或者20世紀福斯，大家腦子裡不會出現什麼特別的東西。但是我一說迪士尼，各位腦子裡會有一種特別的感覺。全世界都如此。

假設你在帶幾個小孩子，希望每天能給他們找點事做，讓他們老實一會，自己好清靜清靜。大家都知道小孩子能把一個電影看二十遍。你去音像店買電影。你會

拿10部電影，坐在那把每一部都花一個半小時看一遍，決定哪部適合小孩觀看嗎？不會。假設有一盤賣16.95美元，但迪士尼的那盤賣17.95美元，你知道，選迪士尼那盤錯不了，所以你就買迪士尼的了。有的事你不想在上面花時間，不會精挑細選。這樣的話，迪士尼的每部電影能多賺一些，而且賣得更火。因此，迪士尼做的是特別好的生意，競爭對手很難趕上迪士尼。

如何才能打造一個在全世界與迪士尼分庭抗禮的品牌？夢工廠現在正在做這件事。如何才能取代迪士尼在人們心目中的地位？怎麼才能讓人們腦子裡想到的是環球影業，不是迪士尼？能讓家長走到音像店裡選環球影業，而不是迪士尼嗎？這些都做不到。

在世界各地，人們一想到可口可樂，就想到快樂。無論是在哪，迪士尼樂園、世界盃、奧運會，人們快樂的地方都有可口可樂。開心快樂和可口可樂如影隨形。不管你給我多少錢，讓我成立個皇冠可樂公司，讓全球的50億人愛上皇冠可樂，我做不到。不管怎麼折騰，不管用什麼辦法，打折促銷、週末活動，都動不了可口可樂。我們要找的就是這樣的生意，這就是護城河。要把護城河變得越來越寬。

作為喜詩糖果的經營者，要想盡一切辦法保證人們送出喜詩糖果作為禮物時，收到禮物的人會很開心。要保證盒子裡的糖果的品質，要重視糖果銷售人員的服務。我們在旺季的時候忙得要命。人們集中在聖誕節前幾週和情人節當天購買，要在店鋪外面排很長的隊。假設下午五點的時候，我們的一位女售貨員把最後一盒糖果賣給最後一位顧客，這位顧客前面有二、三十人，已經等了半天。如果我們的售貨員對最後這位顧客微笑，我們的護城河就變寬了。如果她對最後這位顧客咆哮，我們的護城河就變窄了。這是我們看不見的，但它確實每天都在發生，這是我們能否讓護城河更寬的關鍵。要重視產品的整個生產和銷售環節，保證人們一想到喜詩糖果，就有喜詩糖果與快樂同在的感覺。這是這個生意的精髓。

提問：有的公司單看財務數字，很貴，您買過這樣的公司嗎？在投資中，定量分析占多少，定性分析占多少？

巴菲特：最值得買的公司，是那些你覺得從數字上看很貴，捨不得買，但還是很想買的公司。這說明你太看好這家公司的產品了。這樣的公司不是別人抽剩了、扔掉的煙屁股，而是讓人難以抗拒的好生意。我曾經買下了一家生產風車的公司。

生產風車的公司，絕對是煙屁股，真的。我買的特別便宜，我買的價格只有營運資金的三分之一。我們從這筆投資裡賺錢了，但是這個錢只能賺一次，不能重複賺。買這樣的公司，盈利是一次性的。投資不能一直這麼做，我已經過了那個階段了。我還買過電車公司，各種各樣的煙屁股都撿過。

在定性方面，我在電話裡和對方聊幾句，就能把定性因素搞明白。我們買入的所有公司，我們花在分析上的時間都只有五分鐘、十分鐘左右。今年我們收購了兩家公司，其中General Re是一筆一百八十億美元的交易。我都沒去過General Re的總部，希望它不是一家空殼公司。（笑）別只有幾個人在那邊，每個月編一些數字發給我，我從來沒去過這家公司。

Executive Jet是一家分享租賃噴氣式飛機的公司，我收購它之前，也沒去這家公司看過。三年前，我為我的家人購買了一項租賃計畫中四分之一的服務。我體驗過這家公司的服務，感覺它發展的相當好。我看完它的財務數字，就決定買了。

一門生意，要是你不能一眼看懂，再花一兩個月的時間，你還是看不懂。要看懂一門生意，必須有足夠的背景知識才行，而且要清楚自己知道什麼，不知道什麼。這是關鍵。我常說的能力圈就是這個意思，要清楚自己的能力圈。

每個人都有自己的能力圈，重要的不是能力圈有多大，而是待在能力圈的範圍之內。如果主機板中有幾千家公司，你的能力圈只涵蓋其中的30家，只要你清楚是哪30家，就可以了。你要對這30家公司特別瞭解，不是說你要讀很多東西，做很多功課，才能把它們弄明白。

我年輕的時候，為了熟悉各行各業的公司，做過大量功課。我做功課的方法是和菲利普・費雪學的，所謂的「四處打聽」的方法。我出去調查，和公司的客戶聊，和公司的前員工聊，有的時候還和供應商聊，只要能對瞭解公司有幫助的人，我都找他們聊。我總是找業內人士請教，如果我對煤炭行業感興趣，我會把煤炭公司都跑一遍。我問每個CEO：「要是你只能買一家煤炭公司的股票，除了你所在的公司以外，你會買哪家的？為什麼？」把得到的信息拼湊起來，經過一段時間，就能把這個行業弄明白。

特別有意思，每次問關於競爭對手的問題，得到的回答都差不多。我會問：「要是你有一顆子彈，可以用它幹掉一個競爭對手，你會幹掉誰？為什麼？」通過這個問題，能瞭解行業中的佼佼者是誰。任何一個生意，裡面都有很深的學問。我年輕的時候，挑我覺得自己能看懂的公司，下了很大功夫，現在用不著重新做功課了。這是做投資的一個好處，不是一出來什麼新東西，就一定要跟著學。願意學的話，也可以。我的意思是，如果你40年前看懂了箭牌口香糖的生意，今天你還是能看懂這門生意。這些東西，不會因為時間的改變，就能變出什麼新花樣來。經過積累，腦子裡自然會形成一個數據庫。

有個叫Frank Rooney的人，他經營了Melville公司許多年。他岳父去世了，留下了H.H. Brown製鞋廠。Frank Rooney請高盛集團把這家鞋廠賣出去。

有一天，他和我的一個朋友在佛羅里達州打高爾夫球，隨口和我朋友說到了這件事。我朋友說：「你可以打電話問問沃倫。」他打完球之後給我打了電話，我們聊了五分鐘，這筆交易就成了。

但是我早就知道Frank這個人，也瞭解這門生意。我大概瞭解鞋廠這個生意，所以我能做這個決定。在定量方面，我必須決定多少錢合適。價錢行就行，不行就不行。我從來不談來談去，不討價還價。我覺得對方的出價合理，我就買。要是不合理，買不到我也不在意，日子還是和以前沒這家公司時——一樣開心。

提問：可口可樂的公告稱第四季度盈利會下降，亞洲金融危機對可口可樂有何影響？

巴菲特：我看好可口可樂。在今後二十年裡，可口可樂在國際市場的增長速度會遠遠超過在美國的增長速度。按人均飲用量計算，可口可樂在美國也會增長，但是它在國際市場上增速更快。現在它面臨一段艱難的時期，可能三個月、可能三年，誰都說不好，但是不會是二十年。全世界的人都在努力工作，人們發現可口可樂很便宜，從自己每天的工資裡拿出一丁點就能買一罐，我是一天喝五罐。

一九三六年，我花25美分買6瓶可口可樂，然後拿出去賣5美分一瓶。那時候一瓶6.5盎司，瓶子的押金是兩美分，零售價是5美分一瓶。現在一罐12盎司的，要是週末促銷時買，或者買量販裝的，12盎司的可口可樂還不到20美分。所以說，現在買一盎司可口可樂，價格只有一九三六年的兩倍多一點。人們收入水平越來越高，可口可樂這個產品卻越來越便宜。人們當然喜歡了。可口可樂有一百多年的歷史，在市場上佔據統治地位，但是在全球二百多個國家，可口可樂的人均飲用量每年都在增長，太了不起了。

可口可樂的銷售額能達到幾百億美元，真正的秘訣是可口可樂有一個特點，這家公司的所有可樂產品都有這個特點，我喜歡可口可樂這個名字，所以把它們統稱為可口可樂。可樂沒有味覺記憶。9點鐘喝一罐、11點鐘喝一罐、1點鐘喝一罐、5點鐘喝一罐，5點鐘喝的那罐和早晨喝的一樣好喝。奶油蘇打水、薑汁汽水、橙汁、葡萄汁，這些都不行，這些飲料喝多了會膩。大多數食品和飲料都這樣，吃多了或者喝多了會覺得膩。喜詩糖果就是。每次喜詩糖果新員工上崗的時候，公司都告訴他們所有糖果可以隨便吃。第一天，他們使勁往嘴裡塞，一個星期以後，他們就不怎麼吃了，好像得自己花錢買一樣。因為巧克力吃多了會膩，很多東西都會膩。可口可樂沒有味覺記憶，全世界很多人都喝很多可樂，很多美國人一天喝五罐，健怡可樂的話，一天能喝七、八罐，其他飲料都不行。這就是為什麼可口可樂的人均飲用量如此之高。地球上這個區域或者再向北一些的區域，人均飲水量是每天64盎司，這64盎司可以都換成可口可樂，一開始就喜歡喝可樂的人，喝多少都不會膩。換成別的都不行，整天吃一樣東西，沒多長時間就會有些噁心。

這是很關鍵的一點。如今，可口可樂每天在全球賣出十八億瓶，這個數字每年都會增加。可口可樂的銷量在每個國家都會增長，在每個國家的人均飲用量都會增長。二十年後，可口可樂在國際市場的增長速度會超過美國市場，我更喜歡可口可樂的國際市場，它在國際市場上增長潛力更大。目前，可口可樂在國際市場遇到了暫時的困難，但這根本算不上什麼事。可口可樂是一九一九年上市的，當時它的股價是每股40美元。

19世紀80年代，錢德勒家族在可口可樂上市之前用2000美元把這個生意買了下來。一九一九年，可口可樂的發行價是40美元。一年後，它的股價是19美元，一年內下跌了50%。你可能把這當成天大的事，又是擔心蔗糖價格上漲，又是擔心裝瓶商發難，什麼都擔心。你總是能找到各種理由，說當時不是買入的最佳時機。

幾年後，又出現了大蕭條、二戰、蔗糖定量配給、核武器危機，等等，總是有不買的理由。但是，要是你當年花40美元買了一股並把股息再投資，現在都值500萬美元左右了。只要是好生意，別的什麼東西都不重要。只要把生意看懂了，就能賺大錢。擇時很容易掉坑裡。只要是好生意，我就不管那些大事小事，也不考慮今年明年如何之類的問題。

美國在不同時期都實施過價格管制，再好的生意都扛不住。政府實施價格管制的話，我沒辦法在12月26日提高喜詩糖果的售價。價格管制，我們不是沒經歷過。

但是，政府實施價格管制不會把喜詩糖果變成爛生意，價格管制總有結束的一天。美國在70年代初就有過價格管制。

好生意，你能看出來它將來會怎樣，但是不知道會是什麼時候。看一個生意，你就一門心思琢磨它將來會怎麼樣，別太糾結什麼時候。把生意的將來能怎麼樣看透了，到底是什麼時候，就沒多大關係了。

提問：能否講講您在商業中犯的錯誤？

巴菲特：你有多長時間？對於我和我的合夥人查理・芒格來說，我們犯過的最大的錯誤不是做錯了什麼，而是該做的沒做。在這些錯誤中，我們對生意很瞭解，本來應該行動，但不知道怎麼了，我們就在那猶豫來猶豫去，什麼都沒做。有些東西我們不明白就算了，但有些東西是我們能看明白的，本來可以賺幾十億、幾百億的，卻眼睜睜看著機會溜走了。

我本來可以買微軟賺幾十億，但這不算數，因為我一直搞不懂微軟。但是醫藥股，我本來是可以賺到幾十億的，這些錢是我該賺到的，我卻沒賺到。當柯林頓當局提出醫療改革方案後，所有的醫藥股都崩盤了。我們本來可以買入醫藥股大賺特賺的，因為我能看懂醫藥股，我卻沒做這筆投資。

80年代的時候，我本來可以買入房利美（全球最大的非銀行金融機構）大賺一筆，我能看懂房利美，但是我卻沒買。這些都是代價幾億美元或幾十億美元的錯誤，在按一般公認會計原則編制的報表中體現不出來。至於各位能看到的錯誤，幾年前我買入美國航空優先股是個錯誤。

當時我手裡閒錢很多。手裡一有閒錢，我就容易犯錯。查理讓我去酒吧喝酒去，別在辦公室裡待著。但我還是留在辦公室，口袋裡有錢，就會做傻事。每次都這樣。當時我買了美國航空的優先股。沒人逼我，是我自己要買的。現在我有一個800熱線電話，每次我一想買航空股，就打這個電話。電話那邊的人會安撫我。我說：「我是沃倫，又犯了想買航空公司的老毛病。」他們說：「繼續講，別停下，別掛電話，別衝動。」最後那股勁就過去了。我買了美國航空以後，差點把所有錢都虧進去，真是差一點全虧了。我活該虧錢。

我買入美國航空，是因為它是一支很合適的證券，但它的生意不好。對所羅門的投資也一樣。我根本不想買它的生意，只是覺得它的證券便宜。這也算是一種錯誤。本來不太喜歡公司的生意，卻因為喜歡證券的條款而買了。這樣的錯誤我過去犯過，將來可能還會犯。最大的錯誤還是該做的沒做。

當年，我只有1萬美元的時候，我從裡面拿出二千美元投入到了辛克萊加油站，結果賠進去了。我這筆投資的機會成本到現在都有60億美元了，多大的錯誤啊！每次伯克希爾股價下跌，我都感覺心裡好受一些，因為我投資加油站的機會成本隨之下降。那可是20%的機會成本。

我想告訴大家，人們總說通過錯誤學習，我覺得最好是盡量從別人的錯誤裡學習。不過，在伯克希爾，我們的處事原則是，過去的事就讓它過去。我有個合夥人，查理・芒格，我們一起合作40年了，我們從來沒紅過臉。我們對很多東西看法不一樣，但是我們不爭不吵。我們從來不想已經過去的事。我們覺得未來有那麼多值得期待的，何必對過去耿耿於懷。不糾結過去的事，糾結也沒用。人生只能向前看。你們從錯誤裡或許能學到東西，但最重要的是只投資自己能看懂的生意。如果你像很多人一樣，跳出了自己的能力圈，聽別人的消息買了自己毫不瞭解的股票，犯了這樣的錯，你需要反省，要記得只投資自己能看懂的。

你做投資決策的時候，就應該對著鏡子，自言自語：「我要用每股55美元的價格買入一百股通用汽車，理由是……」自己要買什麼，得對自己負責。一定要有個理由，如果說不出來理由，那就別買。是因為別人在和你閒聊時告訴你這支股票能漲嗎？這個理由不行。是因為成交量異動或者走勢圖發出了信號嗎？這樣的理由不行。你的理由，一定是你為什麼要買這個生意。我們恪守這個原則，這是班傑明・格雷厄姆教我的。

提問：能否談談當前脆弱的經濟形勢和利率問題？以及你對將來的經濟形勢怎麼看？

巴菲特：我不研究宏觀問題。投資中最緊要的是弄清什麼事是重要的、可知的。如果一件事是不重要的、不可知的，那就別管了。你剛才說的東西很重要，但是我覺得是不可知的。看懂可口可樂、看懂箭牌、看懂伊士曼柯達，這些是可知的。大家都能看懂這些生意，這些生意是可知的。看懂了公司的生意之後，還要看你得出的估值、公司的價格等等。我們在決定買不買一家公司時，從來不把我們對宏觀問題的感覺作為依據。

我們不看關於利率或公司盈利的預測，看了沒用，一九七二年，我們買了喜詩糖果，後來沒多久尼克森就實施了價格管制，即使我們提前知道了，又能怎樣？我們沒錯過喜詩，花2500萬買下來了，現在它一年的稅前利潤就有6000萬美元。有的預測我們根本不會，我們不想因為這樣的預測而錯過明智的投資機會。宏觀問題相關的東西，我們根本不看不聽不理會。一般的諮詢機構的套路是這樣的，先把他們的經濟學家拉出來溜兩圈，講一些大的宏觀格局，然後自上而下地分析。我們覺得那些都是胡扯。

就算艾倫·葛林斯潘（前聯準會主席）和羅伯特·魯賓（前財政部長）一個在我左耳朵邊，一個在我右耳朵邊，悄悄告訴我他們今後十二個月會怎麼做，我都不為所動，我該出多少錢買Executive Jet或General Re，還是會出多少錢，我還是會我行我素。

提問：和身處華爾街相比，住在偏遠的小城市有什麼好處？

巴菲特：我在華爾街工作過一兩年，我在東西海岸都有朋友。我喜歡拜訪他們。每次和他們見面，都能得到一些靈感。思考投資的最佳方法還是獨自一人待在房間裡，靜靜地想。要是這樣不行，別的辦法也都沒用。在任何類似市場的環境中，你都很容易受到影響，做出過激的反應，華爾街是個典型的市場環境。在華爾街，你覺得每天不做點什麼都不行。錢德勒家族花了二千美元買下了可口可樂公司，選中了可口可樂這樣的公司，別的什麼都不用做了，該做的事就是不做別的。一九一九年都不應該賣，但是錢德勒家族後來把他們的股票賣了。你該怎麼做呢？一年找到一個好的投資機會，然後一直持有，等待它的潛力充分釋放出來。在一個人們每五分鐘就來回喊報價的環境裡，在一個別人總把各種報告塞到你面前的環境裡，很難做到持有不動。華爾街靠折騰賺錢。（我告訴自己）你靠不折騰賺錢。

要是在座的各位，每天都相互交易自己的投資組合，所有人最後都會破產，所有的錢最後都會進到中間商的口袋裡。換個做法，你們都持有一般公司組成的投資組合，50年裡你們都一動不動，最後你們都會很有錢，你們的券商會破產。券商像這樣一個醫生，他讓你換藥的次數越多，他賺的越多。他要是給你一種藥，把你的病根治了，他只能做成一筆買賣，一筆交易，然後就沒了。如果他能讓你相信每天換各種藥吃對健康有益，這對他有好處，對賣藥的有好處，你會虧很多錢。你的身體跟本好不了，還會破財。任何刺激你瞎折騰的環境，都要遠離。華爾街無疑就是這樣的環境。

我回到奧馬哈之後，每半年都去大城市一次。我每次都列一個清單，把自己要做的事寫下來，比如要調研的公司等等。這些路費都沒白花，該做完的事，做完了，我就又回到奧馬哈思考。

提問：伯克希爾和微軟都不派息，您怎麼看？

巴菲特：伯克希爾將來也不會派息，這個我敢保證。買了伯克希爾的股票，只要做一件事：把伯克希爾的股票放到保險箱裡，每年拿出來撫摸一番。打開保險箱，拿出來，摸一摸，然後放回去。摸一摸，會有極大的滿足感，我一點不誇張。

問題的關鍵是我們能否讓留在伯克希爾的每一塊錢以較高的速度增長，讓錢生錢。這是我們的任務，我和查理・芒格，我們自己的錢也在裡面。我們不從伯克希爾拿多少工資，也不要期權，只想著怎麼讓留在伯克希爾的每一塊錢以較高的速度增長。這項工作越來越難了，我們管理的資金越多，困難越大。假如伯克希爾的規模只有現在的百分之一，我們的收益率會高很多。我們經營伯克希爾是為股東經營的，但不是為了給股東派息而經營的。

目前，我們賺到的每一塊錢，留在公司而沒派發的每一塊錢，我們都讓它生成了更多的錢。把錢留在伯克希爾，可以賺到更多錢，派息的做法不明智。即使每個股東收到股息都不用交稅，伯克希爾派息也是錯誤的做法，因為現在伯克希爾留下的每一塊錢能賺來更多的錢。我們保證不了將來也能做到，總有一天會到頭的。讓資金持續增長是伯克希爾的目標，我們只用這一個標準衡量我們的表現。我們不在乎我們的辦公樓有多大，員工有多少。我們的總部有12個員工，占地三千五百平方英尺，伯克希爾一共有四萬五千名員工，我們會將這一切保持不變。

我們衡量自己的標準是公司的表現如何，只有公司表現好，我們才會得到獎賞。說真的，現在比以前難多了。

提問：您剛才提到了找到好機會之後，一直持有，等待潛力充分釋放出來。怎麼才能知道一筆投資的潛力充分釋放出來了？

巴菲特：最理想的情況是，買的時候，你覺得根本不會有這一天。我買可口可

樂的時候，不覺得它10年或50年後就奄奄一息了。可能會發生意外，但是我覺得概率幾乎是零。我們特別想買入我們願意永遠持有的公司。我們希望買伯克希爾股票的人，也像我們這樣想。我希望買伯克希爾股票的人打算永遠持有。他們之後可能改變想法，但是我希望他們在最初買入的時候想的是永遠持有伯克希爾。

我不是說買股票只有這一種買法，只是希望我們能吸引到這樣的投資者，不想讓自己的投資者變來變去。我衡量伯克希爾的標準是它的無為。如果我是一所教堂的牧師，教眾每個週末都換一半，我不會說：「太好了，看看我的教眾，流動性多高，周轉率多高。」我希望教堂裡每個週末來聽講的都是同一批人。我們在買公司的時候也是這個思維方式，我們想買自己願意永遠持有的公司。我們現在找不到很多這樣的公司。

我剛開始做投資的時候，那時候找到的投資機會特別多，錢很少。在發現了更便宜的股票之後，為了買下來，總是要從手裡的股票中挑一個最不看好的賣出去。現在不一樣了。我們希望自己買入的公司，現在看好，五年後一樣看好。如果找到了大規模的收購機會，為了籌措資金，我們可能進行一些賣出交易，有這樣的問題是好事。

不管買哪家公司，我們買的時候都不設定價格目標。例如，我們是30買的，從沒想過漲到40、50、60或100就賣了，從來沒這樣過。當年的喜詩糖果是一家私人公司，我們花二千五百萬買下來了，買了之後就沒想賣。我們沒盤算說，要是有人出五千萬，我們就把喜詩糖果賣出去。看一家公司不能總想著多少錢賣出去，看一家公司正確的思維方式是，長期來看，這家公司是否能越來越賺錢？如果答案是能，別的問題都用不著問了。

提問：請講一下您為什麼會去投資所羅門公司，還有拯救長期資本管理公司？

巴菲特：那筆投資是一九八七年9月份做的，那年道指上漲了35％，我們賣了很多股票，當時所羅門這支證券的收益率有9％。我那時候錢很多，覺得很難找到合適的機會投出去。我不喜歡所羅門的生意，不會買它的普通股，但是我看上了它的可轉換優先股，覺得很合適。我就是這樣投資的所羅門，我覺得我做錯了。這筆投資的結果最後還好，但這是一筆我不該做的投資。我應該等待，等到一年後買入

更多的可口可樂，或者就按當時的價格買入可口可樂，雖然它當時的股價很高。這是我犯的錯。

至於長期資本管理公司那筆投資，先從套利說起吧。我們經過長期投資經驗的積累，熟悉了套利這種操作。我做了45年的套利，在我之前，格雷厄姆做了30年的套利。可惜的是，做套利投資，我必須守在電話旁邊。因為需要掌握市場的最新動向，我必須親自在辦公室指揮操作，現在我不想做這樣的工作了。除非是有特別大的套利機會，而且是我能看懂的，否則我不會在套利上花時間了。在我的投資生涯中，我可能做過三百多筆套利。套利是個好生意，是非常好的生意。

長期資本管理公司的倉位極其分散，但是在所有存在風險的資金中，前十大持倉的資金占了90%。我對這十大倉位中的品種有些瞭解，雖然沒到瞭若指掌的程度，但是憑我的瞭解，我比較有把握，要是折扣夠大的話，我願意買，而且我們也有耐心長期持有，挺過去。裡面有些品種可能會虧錢，但是概率是站在我們一邊的。我明白這裡面的門道。我們還有一些倉位，所占比重不大，因為這些投資的規模大不起來。這裡面涉及收益率曲線的變化以及新老國債的差異，這些東西你接觸證券市場久了就學會了，這些不是伯克希爾的主要利潤來源，只占我們每年收益的

0.5%左右。做投資時間長了，積累的知識多了，就能賺到這樣的錢，算是錦上添花吧。我最早做的一筆套利交易中，一家公司宣佈股東可以用股票換可可豆。那是一九五五年，我買了這支股票，用股票換來了提取可可豆的倉庫憑單，把可可豆賣出去賺了一筆錢。當時我正好遇到這個機會，以後再也沒碰上這樣的機會，40多年了，我還沒等到下一個可可豆交易機會，根本沒有，要是有的話，我肯定會記得。長期資本管理公司搞的套利規模特別大。

提問：請講講您對分散投資的看法？

巴菲特：這個要看情況了。如果不是職業投資者，不追求通過管理資金實現超額收益率的目標，我覺得應該高度分散。我認為98%到99%的投資者應該高度分散，但不能頻繁交易，他們的投資應該和成本極低的指數型基金差不多。只要持有美國的一部分就可以了，這樣投資，是相信持有美國的一部分會得到很好的回報，我對這樣的做法毫無異議。對於普通投資者來說，這麼投資是正路。如果想積極參與投資活動，研究公司並主動做投資決策，那就不一樣了。既然你走上研究公司這

條路，既然你決定投入時間和精力把投資做好，我覺得分散投資是大錯特錯的。那天我在Sun Trust的時候，說到過這個問題。要是你真能看懂生意，你擁有的生意不應該超過六個。

要是你能找到六個好生意，就已經足夠分散了，用不著再分散了，而且你能賺很多錢。我敢保證，你不把錢投到你最看好的那個生意，而是再去做第七個生意，肯定會掉到溝裡。靠第七個最好的主意發家的人很少，靠最好的主意發家的人很多。所以，我說任何人，在資金量一般的情況下，要是對自己要投資的生意確實瞭解，六個就很多了，換了是我的話，我可能就選三個我最看好的。我本人不搞分散。我認識的投資比較成功的人，都不搞分散，沃爾特・施洛斯是個例外，沃爾特的投資非常分散，他什麼東西都買一點，我說他是挪亞，什麼東西都來兩個（編按：指大洪水的挪亞方舟，所有生靈都要一對上船）。

提問：怎麼才能區分可口可樂這樣的公司和寶潔這樣的公司？

巴菲特：寶潔的生意非常好，它擁有強大的分銷管道和大量知名品牌。要是你問我，我要是把我的所有資金都投入到一家公司，二十年不動，我會選寶潔還是可口可樂，其實寶潔的產品線更多元化，但是比較起來，我認為可口可樂的確定性比寶潔的確定性高。要是我在二十年裡只能投資寶潔一家公司，我可以接受。寶潔可以入選我最看好的公司中的前5％，寶潔不會被競爭對手打垮，但是從將來二、三十年看，在寶潔和可口可樂之間，我更看好可口可樂的銷量增長潛力和定價權。

現在可口可樂提價不太容易，但是你想想，每天賣出10億多瓶，一瓶多賺1美分，一天就多賺一千萬美元。我們擁有可口可樂8％的股份，其中80萬美元的利潤是伯克希爾的。可口可樂可以提價1美分，這個不難，我覺得可口可樂漲1分錢也不貴。現在可口可樂在大多數市場中提價還沒到時候。但是，假以時日，可口可樂每賣出一瓶能比現在賺得更多。我敢肯定，二十年以後，可口可樂每賣出一瓶能賺得更多，而且可口可樂的銷量也會比現在增加很多。我不知道可口可樂漲價能漲多少，銷量能增加多少，但是我知道它的售價和銷量都會往上走。

寶潔的主要產品，在市場佔有率、銷量增長潛力方面都不如可口可樂，但是寶潔的生意也是好生意。如果我在二十年裡只能把我家的所有資產都投入到寶潔這一支股票中，我可以接受。我可能更看好一些別的公司，但是這樣的好公司太少了。

提問：您願意買入麥當勞，持有二十年嗎？

巴菲特：麥當勞有許多有利因素，特別是在國外市場。麥當勞在國外的很多地方比在美國更好。這個生意其實是越來越難做的。麥當勞向小孩子贈送玩具，小孩子喜歡去麥當勞，大人們一般不願意天天都吃麥當勞。人們今天能喝五罐可樂，明天還能喝五罐。麥當勞的速食生意不如可口可樂的飲料生意好做。速食行業在全球規模巨大，要是一定要從裡面選一家公司的話，選麥當勞沒錯。麥當勞的競爭優勢是最強的。大人們不是特別喜歡吃麥當勞，但是孩子們很愛吃，大人們也還可以，但是不是特別喜歡。麥當勞這幾年的促銷活動越來越多，它越來越依賴促銷，而不是靠產品本身賣得好。我還是更喜歡產品本身賣得好的生意。我更喜歡吉列，人們買鋒速3是因為他們喜歡鋒速3這個產品本身，不是為了得到什麼贈品才買的。我感覺吉列的鋒速3這個產品，從根本上來說更強大。應該是這樣。

我們持有不少吉列的股份，每天晚上，想想一兩億男人的鬍子都在長，你睡覺的時候，男人們的鬍子一直在長，你就能睡得很踏實。再想想，女人們都有兩條腿（編按：指歐美的女性都有刮腿毛的習慣），這更好了。這個方法比數綿羊管用多了。要找就找這樣的生意。麥當勞就不一樣了，總要想著下個月搞什麼促銷活動對付漢堡王，要擔心漢堡王簽下了迪士尼，自己沒簽下來，怎麼辦？雖然麥當勞這樣的生意也能做得很好，但我喜歡那些不靠促銷打折也能賣得好的產品。麥當勞是好生意，但是不如可口可樂。比可口可樂還好的生意本來也沒幾個。麥當勞的生意還是很好的。從速食行業選一家公司，我會選DQ冰淇淋。不久之前，我們收購了DQ冰淇淋，所以我厚著臉皮在這裡說DQ的好話。

提問：您如何看公用事業行業？

巴菲特：我花了很長時間思考這個行業，因為這個行業可以投入大量資金。我還考慮過整體收購公用事業公司。奧馬哈有個人就經營著一家名叫Cal Energy的公用事業公司。這個行業裡，有一點我還沒太搞明白，我不知道放鬆管制對行業會產生什麼影響。我能預見到的是，失去了壟斷保護，許多高成本生產商陷入困境，大量價值會被毀滅。

我確定不了誰會成為受益者，能得到多少好處。顯然，能源生產成本低的，水

利發電成本為2美分每千瓦時的公司，擁有巨大優勢。成本雖然低，但是能賺到多少錢？除了自己周圍的區域，能覆蓋的市場有多大？這些東西我還不清楚，還不確定這個行業十年後會怎樣。但是我會接著想，一旦想明白了，需要行動，我就行動。我覺得我能看懂公用事業公司，用戶需求是確定的，現在公共事業公司很便宜，這些我都知道。我就是不知道十年後誰會賺錢，所以我還沒投資。

提問：為什麼今年大盤股跑贏了小盤股？

巴菲特：我們不管一家公司是大盤、小盤、中盤、還是超小盤，我們不管這些東西。我們只考慮這麼幾點：

這家公司的生意我們能不能看懂？

這家公司的管理層我們喜不喜歡？

這家公司的價格是否便宜？

從管理伯克希爾的角度出發，我們要將Gen Re大概七百五十億到八百億美元的保費用於投資，這麼大的資金量，我只能買大公司，所以我只想投資五個生意。

如果我投資的是10萬美元，我才不管什麼大盤、小盤呢，我就找我能看懂的公司。

總的來說，過去十年裡，大盤股所代表的公司業績特別好，遠遠超出了人們的預期。這十年裡，美國公司的淨資產收益率高達20%左右，十年前哪有人想到大公司的淨資產收益率能有這麼高，這還是大公司的平均水平。因為利率較低，而且大公司的資本回報率較高，所以大公司的估值得到了巨大提升。把美國所有公司當成一支債券，以前它的收益率是13%，現在增加到了20%，自然更值錢了。這幾年大公司的收益率很高，能不能一直保持下去就不定了，我對此持懷疑態度。因為我們的資金量太大，我投資的時候受規模限制，否則的話，我根本不考慮公司的大小。我們買喜詩糖果的時候，是花二千五百萬美元買的。現在要是能找到一個喜詩糖果這樣的公司，別看我們規模這麼大，我還是願意買。重要的是確定性。

提問：請講講您對房地產證券化的看法？

巴菲特：房地產債務證券化工具大量湧現，現在已經成為資本市場的一大頑症。住宅抵押貸款還可以，但商業房地產抵押貸款證券已陷入停滯。我覺得你想問

的應該是資產證券化的問題。以公司的形式持有房地產非常不利。如果是個人持有，只需交一次稅，但通過公司持有，還要交納公司所得稅，以公司形式持有要交兩遍稅。何必這樣呢？這樣做的話，要從收益裡拿出一大筆錢交稅。

房地產投資信託基金（REIT）是一個途徑，用不著交兩次稅，但是這些基金的運作需要費用。假設投資房地產獲得的收益率是8％左右，買REIT的話，算上股票期權等各項成本，從收益率裡扣掉1％到1.5％，這樣投資房地產的收益率也沒多高了。或許錢少的人，比如只有一千美元或者五千美元，想投資房地產的話，可以買REIT，但是如果你有一百萬美元或一千萬美元，最好是自己直接買房產投資，用不著找中間商，把利潤分給他們一份。總的來說，我們在房地產領域沒發現特別看好的投資機會。有的時候人們看不懂一些大型房地產公司，以德克薩斯太平洋房地產信託為例，它有一百多年的歷史，在德州有幾百萬英畝的土地。它每年將這些土地的1％賣出去，拿這個賣地的收入計算自己的價值，說自己被市場嚴重低估了。要是你真擁有這麼多土地，你就明白了，根本不是那麼回事，土地沒那麼容易流通。你想從土地裡拿出50％或20％，賣出去，辦不到，連流動性不足的股票都不如。很多人根本不知道擁有一家房地產公司，要運作大片的土地有多難，所以他們給很多房地產公司的估值很離譜。

在今年的市場上，REIT表現很差，將來人們不看好它們的時候，它們的價格甚至會遠遠低於它們持有的土地，這太有可能了。到時候，REIT可能值得考慮，問題是管理層願不願意放手，他們可能會和投資者對著幹，捨不得他們的收入和福利，和股東產生利益衝突。有的REIT的管理層口口聲聲說它們的資產多優秀，被低估的多嚴重，背地裡卻在賣自家的股票，你說怪不怪？這不是自相矛盾嗎？他們說自己的股票28美元很便宜，然後卻在28美元時大量賣出，明顯的言行不一致。不過，我們在關注房地產行業。

查理和我都能看懂房地產生意，什麼時候出現大的投資機會，我們願意投資。如果長期資本管理公司的情形出現在了房地產領域，我們願意出手，問題是別人也會搶著出售，價格很難讓我們動心。

提問：您是否更喜歡下跌的市場？

巴菲特：我不知道市場會怎麼走。我更願意看到市場下跌，這是我的一廂情

願，市場該怎麼走還怎麼走。市場不懂我的感受。要投資股票，這是你必須首先學會的一個道理。你買了一百股通用汽車，一下子，你就對通用汽車有感情了。它跌了，你很生氣，你會說：「要是漲到我的成本價，我就又能高興起來了。」它漲了，你可能說：「我多聰明啊，我真是太愛通用汽車了。」這些情緒都來了。股票哪知道你買沒買它，它就待在那，不管你買沒買，也不管你多少錢買的。不管我對市場產生什麼感情，它都不理我，沒有比市場更鐵石心腸的了。

在今後十年裡，在座的各位都是要淨買入股票的人，而不是要淨賣出股票的人，各位都應該希望股價更低。如果今後十年裡，你是吃漢堡的，不是養牛的，你肯定希望漢堡的價格下降。如果你常喝可口可樂，但是沒有可口可樂的股票，你會希望可樂的價格下降，希望週末去超市的時候，可口可樂能有促銷。去超市買可樂的時候，你希望可樂便宜，不希望可樂貴。

紐約股票交易所就是一個可以買到各種公司的大超市。你要買股票，你希望出現什麼情況？你希望這些股票一直跌，這樣你才能買的更合適。等到二、三十年之後，當你要把積累的錢拿出來花的時候，或者你的子女幫你花的時候，那時候你才希望股價高。格雷厄姆在《聰明的投資人》的第8章中講到了對待股市波動的態度，還有講安全邊際的第20章，我認為在所有關於投資的著述中，沒有比這兩章更重要的了。我是19歲的時候讀到第8章的，我一下子豁然開朗，明白了我前面講的那些東西。但是我是看了這本書才明白的，不是自己想明白的，是格雷厄姆在書裡講的。要不是看了這本書，可能再過一百年，我還是覺得股價上漲好。我們希望股價下跌，但是我不知道市場會怎麼走，過去從來不知道，將來也不會知道，我根本也不往這上面想。

股市大跌的時候，我更仔細地查看有什麼值得買的，我知道大跌的時候更容易買到好貨，更容易把錢用好。

主持人：沃倫，時間到了，我們要回答最後一個問題了。

巴菲特：你挑讓誰問吧，壞人讓你當……（笑）

提問：如果能重新活一次，為了讓生活更幸福，您會怎麼做？

巴菲特：希望我的回答，大家聽了不會覺得不舒服。要是我重新活一次的話，

我只想做一件事，選能活到一百二十歲的基因。

我其實是非常幸運的。我經常舉一個例子，覺得可能會對各位有啟發，所以花兩分鐘時間講講。假設現在是你出生前24小時，一個神仙出現了，它說：「孩子，我看你前途無量，我現在手裡有個難題，我得設計你出生後生活的世界，我覺得太難了，你來設計吧。你有24小時的時間，社會規則、經濟規則、政府規則，這些都給你設計，你還有你的子孫後代都在這些規則的約束下生活。」

你問了：「我什麼都能設計？」神仙說：「對，什麼都能設計。」你說：「沒什麼附加條件？」神仙說：「有一個附加條件。你不知道自己出生後是黑人還是白人，是富有還是貧窮，是男人還是女人，是身體健壯還是體弱多病，是聰明過人還是頭腦退鈍。你知道的就一點，你要從一個裝著58億個球的桶裡選一個球。」

我把這個叫娘胎彩票。你要從這58億個球裡選一個，這是你一生之中最重大的決定，它會決定你是出生在美國還是阿富汗，智商是130還是70。選出來之後，很多東西都注定了。你會設計一個怎樣的世界？

我覺得用這種思維方式可以很好地看待社會問題。因為你不知道自己會選到哪個球，所以在設計世界的時候，你會希望這個世界能提供大量產品和服務，你希望所有人都能過上好日子。你會希望這個世界的產品越來越豐富，將來你的子孫後代能越過越好。在希望世界能提供大量產品和服務的同時，還要考慮到有的人手氣太差，拿到的球不好，天生不適合這個世界的體系，你希望他們不會被這個世界拋棄。我天生非常適合我們現在的這個世界。我一生下來就具備了分配資金的天賦。這其實沒什麼了不起的。如果我們都被困在荒島上，永遠回不來，我們所有人裡，誰最會種地，誰最有本事。我再怎麼說我多擅長分配資金，你們也不會理我。我趕上了好時候。

蓋茲說，要是我生在幾百萬年前，早成了動物的盤中餐。他說：「你跑不快，也不會爬樹，什麼都不行，剛生下來就得被吃了。你生在今天是走運。」我確實是走運。在座的各位，可以問問自己，假如這有個桶，裡面裝著58億個球，代表全世界的所有人，你先把自己的球放進去，然後別人從裡面隨機拿出100個來，讓你從中選擇一個，你願意把自己的球放回去嗎？

在這100個球裡，大概有5個是美國人，95比5。要是你還想做美國人，得選中那5個球中的一個。其中一半是男，一半是女，你願意選什麼？其中一半是智商低於平均水平，一半是智商高於平均水平。你想把自己的球放回去嗎？你們大多數人應該都不願意放回去，再從那100個裡面再選一個，既然如此，在座的各位，你們相當於承認自己是全世界的所有人中最幸運的1％。

我自己就這麼想的。能出生在美國，我覺得自己很幸運。當我出生的時候，出生在美國的幾率是50比1。我為我有好父母感到幸運，我為我的一切感到幸運。我感到幸運，我天生適合市場經濟，我的才能在這裡得到回報實在太高了。很多人和我一樣是優秀的公民，他們有的帶領童子軍、有的在週末講課，他們支撐著每一個和睦幸福的家庭，但是他們的天賦和我的不一樣。我運氣實在太好了，我希望還能有這麼好的運氣。

既然我運氣這麼好，我就要把自己的天分發揮出來，一輩子都做自己喜歡的事，交自己喜歡的人。只和自己喜歡的人共事。要是有個人讓我倒胃口，但是和他走到一起，我能賺1億美元，我會斷然拒絕，如果這樣，不就是和為了錢而去結婚有什麼兩樣？無論什麼時候，都不能為了錢結婚，要是已經很有錢了，更不能這樣了，你們說是不是？我不會為了錢結婚。我還是會一如既往地生活，只是不想再買美國航空了！（笑）

謝謝！

一九八九年，伯克希爾購入價值三億五千八百萬美元的美國航空公司優先股，兩天之前，美國航空公司才和皮爾德航空公司合併。

對伯克希爾而言，投資資本密集和勞力密集的航空工業，是相當不尋常的舉動，我們之所以樂中投資美國航空公司的優先股，因為我們對Ed Colodny的管理深具信心，我非常欣賞他，巴菲特說。

巴菲特認為他投資的是美國航空公司的高級證券，而非一家營運良好的公司，巴菲特的策略是放眼於有好幾個大玩家的產業，他希望能整合這些業界大玩家，為股東獲利。

但是這一次巴菲特的策略與原先的預期背道而馳，基於種種因素，美國航空公司在動盪不安的航空界急遽萎縮，一九九六年伯克希爾宣佈將出脫美國航空公司的持股，起先伯克希爾詢問該公司回購自家股票的意願，但最後伯克希爾還是繼續持有，當初是巴菲特決定投資總部設於維吉尼亞州阿靈頓的美國航空公司，史坦哈特的史坦哈特合夥公司持有該公司8%的股份，而且還繼續增加投資這家美國第四大航空公司。

這項投資在錯誤的跑道上顛僕前進，美國航空公司問題重重，一九八八年到一九九四年間，大約虧損了三十億美元，巴菲特在對哥倫比亞大學商學院的學生演講時曾經表示，絕對不要投資航空業，他認為航空業是全世界最差的投資標的之一，成本過高且生產過剩。

有位哥大學生問他為什麼當初要投資航空公司，巴菲特妙答道，我的心理醫生也問同樣的問題，事實上，他們提供我一線免費電話，只要我有衝動想投資航空公司，就打這線電話，我只要告訴他們我的名字是巴菲特，是個航空迷，他們就會勸我不要買航空股了。

2・巴菲特定律

「巴菲特定律」是有美國「股神」之稱的巴菲特的投資密碼，是他多年投資生涯後的經驗結晶。從20世紀60年代以廉價收購了瀕臨破產的伯克希爾公司開始，巴菲特創造了一個又一個的投資神話。有人計算過，如果在一九五六年，你的祖父母給你一萬美元，並要求你和巴菲特共同投資，如果你非常走運或者說很有遠見，你的資金就會獲得二萬七千多倍的驚人回報，而同期的道瓊工業股票平均價格指數僅僅上升了大約十一倍。無怪乎有些人把伯克希爾股票稱為「人們拼命想要得到的一件禮物」。在美國，伯克希爾公司的淨資產排名第五，位居美國線上——時代華納、花旗集團、埃克森——美孚石油公司和維亞康姆公司之後。

能取得如此瘋狂的成就，得益於他自己所信奉的聖經，他後來將其總結為「巴菲特定律」：在其他人都投了資的地方去投資，你是不會發財的。無數投資人士的成功，無不或明或暗地遵從著這個定律。

傳說有一位商人，帶著兩袋大蒜，騎著駱駝，一路跋涉到了遙遠的阿拉伯。那裏的人們從沒有見過大蒜，更想不到世界上還有味道這麼好的東西，因此，他們用當地最熱情的方式款待了這位聰明的商人，臨別贈與他兩袋金子作為酬謝。

另有一位商人聽說了這件事之後，不禁為之動心，他想：大蔥的味道不也很好麼？於是他帶著大蔥來到那個地方。那裏的人們同樣沒有見過大蔥，甚至覺得大蔥的味道比大蒜的味道還要好！他們更加盛情地款待了商人，並且一致認為，用金子遠不能表達他們對這位遠道而來的客人的感激之情，經過再三商討，他們決定贈與這位朋友兩袋大蒜！

生活往往就是這樣，你先搶一步，占儘先機，得到的是金子；而你步入後塵，東施效顰，得到的可能就是大蒜！

總而言之——

（一）善於走自己的路，才可能走別人沒走過的路。

（二）沒有自己的特色，就沒有優勢。

〔案例一〕一九九五年，維塞爾曼創辦依斯碧斯娛樂公司時，他獨具慧眼地發現，嚴格地說，沒有任何一家公司專注於生產嬰幼兒的娛樂產品。他意識到，在家長和孩子們的電視節目市場中存在一個巨大的品牌空間。不錯，那時已有了《芝麻街》，有了《恐龍巴尼》，但它們都不完全適合那些小腦筋剛開始轉、但話卻說不清的嬰兒觀看。

《天線寶寶》是低幼節目，以動畫片為載體，講述四個可愛的外星人（即天線寶寶）的日常生活，主要的收視對象是從12個月大到5歲的孩子。《天線寶寶》沒有明確設定的教育目標，所以它並不是一個教育節目，它只是呈現孩子們在遊戲中學習、發展的有趣經驗。

《天線寶寶》的內容極為簡單、安全，而《芝麻街》、《恐龍巴尼》等則放入很多的資訊。而低齡兒童「什麼都不知道，就只會玩」，因此，他們創作《天線寶寶》的出發點不是成心「想要教孩子什麼」，而是讓孩子們感到好玩。《天線寶寶》最大的成功之處在於它發掘出了「最年輕的電視觀眾」這一市場。

〔案例二〕一九六二年，沃爾頓開設了第一家商店，名為沃爾．馬特百貨。一九六九年就發展到十八家分店，到一九九二年沃爾頓去世前，他已將其分店網路擴大到一七三五家，年營業額達四百億美元。在短短幾年內，他就超過了美國的大商

行凱馬特公司和西爾斯公司，成為了零售行業中當之無愧的龍頭老大。

沃爾頓的成功秘訣很簡單：他避開經濟相對發達的地區和城市，而主要在美國南部和西南部的農村地區開設超級市場。並把發展的重點放在城市的週邊，賭博式的等待城市向外的擴展。他這一有著長遠眼光的發展戰略，不但避開了創業之初與實力強勁的競爭對手的拼殺，而且獨自開發了一個前景廣闊的市場。實踐證明，沃爾頓令人難以置信地成功了。

〔案例三〕日本索尼公司創始人井深大和盛田昭夫，從一開始經營就立志於「率領時代新潮流」，不落一般企業的俗套。有一次，井深大在日本廣播公司看見一台美國製的答錄機，立即搶先買下了其專利權，很快生產出日本第一台答錄機，投放市場後很受消費者歡迎。一九五二年，美國研製成功「電晶體」，井深大立即飛往美國進行考察，又果斷地買下這項專利，回國後僅數周時間便生產出第一支電晶體，銷路大暢。當其他廠家也轉向生產電晶體時，他又成功地生產出世界上第一批「袖珍晶體管收音機」。這一人無我有，人有我轉的戰略，使索尼的新產品總是以迅雷不及掩耳之勢投放市場，並贏得了巨大的經濟效益。

〔案例四〕美國西南航空公司也是深諳巴菲特投資神髓的。「九一一」事件以來，美國航空業就被破產、裁員等壞消息所籠罩。然而，美國西南航空公司卻創下了連續29年贏利的業界奇跡。能取得這樣的成功，在於西南航空始終堅持「低成本營運和低票價競爭」的策略，在自己競爭對手不注意和注重的地方下功夫，找到了屬於自己的財富增長點。

西南航空主營國內短途業務。由於每個航班的平均航程僅為一個半小時，因此西南航空只提供軟飲料和花生米，這樣既可以將非常昂貴的配餐服務費用「還之於民」，又能讓每架飛機淨增7到9個座位，每班少配備2名乘務員。

西南航空還避免與各大航空公司正面交手，專門尋找被忽略的國內潛在市場。在《北美自由貿易協定》簽署後，人們普遍認為總部位於德克薩斯州的西南航空最有條件開闢墨西哥航線，但西南航空抵禦了這種「誘惑」。它遵循「中型城市、非中樞機場」基本原則，在一些公司認為「不經濟」的航線上，以「低票價、高密度、高品質」的手段開闢和培養新客源，取得了巨大成功。

無論是投資還是經營企業，我們都要善於找到自己的財富增長點。隨大流、一窩蜂是賺不到錢的。我們要牢牢記住巴菲特的忠告：在其他人都投了資的地方去投

資，你是不會發財的。

沃倫·巴菲特一九三〇年出生在美國西部一個叫做奧馬哈的小城。他出生的時候，正是家裡最困難的幾年。父親霍華德·巴菲特因為投資股票而血本無歸，家裡生活非常拮据，為了省下一點咖啡錢，母親甚至不去參加她教堂朋友的聚會。

在苦難的生活中，巴菲特作為父母的唯一男孩，顯示出超乎年齡的謹慎。他甚至在學走路的時候就如此，他總是彎著膝蓋，彷彿這樣就可以保證不會摔得太慘。在隨母親去教堂時，姐姐總是到處亂跑以致於走丟了，而他總是老老實實地坐在母親身邊，用計算宗教作曲家們的生卒年限，來打發時間。

巴菲特自小就覺得數字是非常有趣的東西，並顯示了超常的數字記憶能力。他能整個下午和小夥伴拉塞爾一起，記錄街道上來來往往的汽車牌照號碼。天色已晚，他們又開始重複自認為有趣的遊戲：拉塞爾在一本大書上讀出一大堆城市名稱，而巴菲特就迅速地逐個報出城市的人口數量。

看著父母每天為衣食犯愁，5歲的巴菲特產生了一個執著的願望：他要成為一個非常非常富有的人。那年，巴菲特在家外面的過道上擺了個小攤，向過往的人兜售口香糖。後來，他改為在繁華市區賣檸檬汁。難得的是，他並不是掙錢來花的，而是開始繼續財富。

7歲的時候，巴菲特因為盲腸炎住進醫院。在病痛中，他拿著鉛筆在紙上寫下許多數字。他告訴護士，這些數字代表著他未來的財產：「雖然我現在沒有太多的錢，但是總有一天，我會很富有。我的照片也會出現在報紙上的。」一個7歲的孩子，用對金錢的夢想支撐著挨過被疾病折磨的痛苦。

9歲的時候，巴菲特和拉塞爾在加油站的門口數著蘇打水機器裡的瓶蓋數，並把它們運走，儲存在巴菲特家的地下室。這可不是9歲少年的無聊舉動，他們是在做市場調查。他們想知道，哪一種飲料的銷售量最大。

他還到高爾夫球場上尋找用過的但是可以再用的高爾夫球，細心地把它們按照牌子和價格整理出來，再發給鄰居去賣，然後他從鄰居那裡抽取傭金。巴菲特還和一個夥伴在公園裡建了高爾夫球亭，生意很是火紅了一段。

巴菲特和拉塞爾還當過高爾夫球場的球童，每月能掙3美元的報酬。

晚上，看著街上來來往往的車流和人流，巴菲特會說：「要是有辦法從他們身上賺點錢就好了。不賺這些人的錢太可惜了。」

拉塞爾的母親曾向巴菲特提出這樣一個問題：「你為什麼想賺那麼多錢？」這個孩子回答：「這倒不是我想要很多錢，我覺得賺錢並看著它慢慢增多是一件很有意思的事。」

少年時代的巴菲特有一本愛不釋手的書——《賺到一千美元的1000招》，這本書用一些白手起家的故事來激發人們創造財富的慾望。巴菲特沉醉於創業成功者的故事裡，想像著自己未來的成功景象：站在一座金山旁邊，自己顯得那麼渺小。他牢記書中的教誨：開始，立即行動，不論選擇什麼，千萬不要等待。

巴菲特在11歲那年，就被股票吸引住了，他和姐姐以每股38美元買下三股城市設施優先股股票，結果股價漲到了40美元，扣除傭金淨賺了5美元，而這具有歷史意義的5美元，卻在巴菲特的心中埋下了成為日後「股神」的火種……

13歲那年，巴菲特成了《華盛頓郵報》的發行員，並因此成了納稅人。但除此之外，巴菲特一點也不開心，他在學校成績一般，還時常給老師惹點麻煩。在經歷了一次失敗的出走後，巴菲特開始聽話和用功了。他學習成績提高了，送報的路線也拓展了許多。他每天早上要送500份報紙，這需要在5:20分前就離開家。偶爾當他病倒時，母親利拉就幫他去送報，但她從來不要巴菲特的錢：「他的積攢是他的一切，你根本不敢去碰他裝錢的那個抽屜，每一分錢都必須好好地待在那裡。」

這時的巴菲特就顯示出了和他年齡不相稱的商業頭腦，他制定了最高效率的送報路線，而且還在送報的時候兜售雜誌。為了防止讀者賴帳帶來的損失，他免費給電梯間的女孩送報，這樣一旦有人要搬走，女孩就會向巴菲特提供消息。巴菲特很快就把送報做成了大生意，他每月可以掙到一百七十五美元。到一九四五年，14歲的巴菲特就把一千二百美元投資到了一塊40英畝的土地上。

到高年級的時候，巴菲特和善於機械修理的好朋友丹利開始在理髮店裡設置角叫子機，他們和理髮店的老闆五五分成，生意非常好，市場不斷擴大。但是，巴菲特並沒有被利潤沖昏頭腦，他總是很冷靜地在較為偏僻的地方選址，以防地痞流氓控制他們的生意。

一九四七年，巴菲特中學畢業時，在三百七十人的年級中排名第十六。威爾森年鑑上對巴菲特的評價是：喜歡數學……是一個未來的股票經濟家。

父親堅持要巴菲特到賓州華頓商學院讀書，但巴菲特認為那是浪費時間，自己已經掙了五千多美元，讀了大概一百本商業書籍，還要學什麼呢？但是父命難違，

他還是到了華頓。巴菲特對華頓極為厭倦，他認為他懂得的比教授們都多，教授們雖然有著成套完美的理論，但對如何真正賺錢卻一無所知。巴菲特在學校裡不能安心上課，而是在費城的股票交易所裡耗費了許多時間。確實，在華頓沒什麼東西可教巴菲特。

一九四九年夏天，巴菲特離開了華頓，到內布拉斯加大學去讀書。實際上，巴菲特在內布拉斯加大學只是一個名義上的學生，他一邊幹著全天班的工作，一邊打橋牌，一邊卻拿到了學業成績Ａ。他的積蓄也有了九千八百美元。

後來，沃倫·巴菲特成為了美國一個神話般的人物。和歷史上同時代的大富豪比如石油大王洛克菲勒、鋼鐵大王卡內基，還有後來的軟體大王比爾·蓋茲相比，巴菲特不同凡響，其他人的財富都是來自一個產品或者發明，而巴菲特卻是個純粹的投資商。他從事股票和企業投資，迄今已經積累了一百六十六億美元的財富，並成為美國投資業和企業的公共導師。

在40年的投資生涯里，巴菲特從沒有用過財務槓桿，沒有投機取巧，沒有遭遇過大的風險，沒有哪年虧損。不管外界如何風雲變幻，巴菲特在市場上一直保持良好的態勢，同期沒有哪個人能與巴菲特相媲美。

這真是個奇蹟——在市場專家、華爾街經紀人們看來，簡直是一件不可思議的事情。為了參悟巴菲特成功的奧妙，人們每年一次蜂擁到小城奧馬哈，像朝聖一樣去聆聽巴菲特的教誨，把他的著作視為《聖經》，像念經文一樣背誦他的格言。但是，比爾．蓋茲一語打破了人們的幻想：「只將沃倫大量的格言記在心裡是遠遠不夠的，雖然沃倫大量的格言值得記下來。」

巴菲特5歲就開始做發財的夢，但是他並不把獲取金錢看做最終的目標，他喜歡看著錢的數量增加，但絕不貪戀錢財。他的遺囑就是這個觀點的最好印證。在遺囑中，他把個人財產的99％捐給慈善機構，只把為數不多的1％留給自己的孩子、他解釋說：「我希望我的孩子們有足夠的錢去幹他們想幹的事情，而不是因為有太多的錢而什麼也不幹。」

一般人只要提起股神巴菲特，都會認為他是個高不可攀的巨人，而他的投資哲學，絕對是十分深奧而且很難去學到他的一丁點皮牛的，其實他的投資哲學非常簡單：（一）觀察企業全貌；（二）短期價格變化；（三）著眼於投資人與公司長期的關係投資。

他的策略也非常簡單，簡單到令人難以相信的地步，其策略共分為簡單的四個步驟：（一）不理會股票市場每日的漲跌；（二）不擔憂經濟形勢（前提是巴菲特選定了能在任何經濟環境中獲利的企業）；（三）買的是企業，而不是股票；（四）管理企業的投資組合。

根據巴菲特定律，企業要想投資成功需要有五項投資邏輯——

一、把自己當成是企業的經營者

其實好的商人都應該是好的投資人，比如李嘉誠的投資眼光就是很好的，他在香港房地產最低迷之時，逆勢拿地，比如他在加拿大的一家石油公司陷入危機的時候，出手買入成為控股者，後來獲利豐厚。

二、好企業比好價格更重要

這是巴菲特在一九七九年致股東的信首次提出的，好公司比好價格更重要。而在此前，他推崇的是用最便宜的價格，買入內在價值高於價格的公司，而不管這家公司未來發展如何。很顯然地，以合理的價格買入優質公司，往往還能獲得優質企業不斷成長的錢，而低估價格買入一般企業，則可能發生一般企業價值不斷下降的現實情況。

三、一生追求消費壟斷企業

其實巴菲特非常重視的是定價權，定價權從何而來？就是壟斷。

為什麼要選擇消費領域？消費領域的現金流都很好，巴菲特持有的企業基本來自於能源消費、普通消費以及奢侈品等，持有的銀行也是零售銀行做得比較好的富國銀行等。

四、最終決定股價的是內在價值

這一點不用多說了，我們都知道，長期來看，股價的唯一決定因素是價值，價格圍繞價值波動，只要價值不斷增加，價格遲早會反應價值。

五、沒有任何時間適合將最優秀的企業脫手

這個就不要學了，雖然優秀企業是要比較長期的持有，但是對於普通投資者來說，過分高估的價格不賣掉是不合理的，因為我們需要資本市場的泡沫給我們帶來更高的投資回報。巴菲特是從一個商業帝國的角度出發啊，持有好公司當然就一直當做控股子公司就好了，為自己貢獻源源不斷的現金流，為什麼要出售呢？

另外，巴菲特說他不接受任何內幕消息以及任何所謂專家的預測。

一、發現別人沒有發現的市場空缺。

二、投資別人都意識到卻不屑於投資的市場空缺。

三、投資已經形成競爭態勢的市場領域，但一定要闖出特色。

要投資股票，不妨借鑑巴菲特的經驗。巴菲特總結了十項投資要點：

一、利用市場的愚蠢，進行有規律的投資。

二、買價決定報酬率的高低，即使是長線投資也是如此。

三、利潤的複合增長與交易費用和稅負的避免使投資人受益無窮。

四、不在意一家公司來年可賺多少，僅有意未來5至10年能賺多少。

五、只投資未來收益確定性高的企業。

六、通貨膨脹是投資者的最大敵人。

七、價值型與成長型的投資理念是相通的：價值是一項投資未來現金流量的折現值，而成長只是用來決定價值的預測過程。

八、投資人財務上的成功與他對投資企業的了解程度成正比。

九、「安全邊際」從兩個方面協助你的投資：首先是緩衝可能的價格風險，其次是可獲得相對高的權益報酬率。

十、擁有一支股票，期待它下個星期就上漲，是十分愚蠢的。就算聯儲主席偷偷告訴我未來兩年的貨幣政策，我也不會改變我的任何一個作為。不理會股市的漲跌，不擔心經濟情勢的變化，不相信任何預測，不接受任何內幕消息，只要注意兩點：A.買什麼股票；B.買入價格。

最後，他又建議投資人可以參照的八項投資標準：

一、必須是消費壟斷企業。

二、產品簡單、易了解、前景看好。

三、有穩定的經營史。

四、經營者理性、忠誠，始終以股東利益為先。

五、財務穩鍵。

六、經營效率高、收益好。

七、資本支出少、自由現金流量充裕。

八、價格合理。

總結「巴菲特定律」，即是投資人必須保持獨立思考的判斷以及內心的平靜，在別人顯貪婪時要特別保持清醒並且加強警惕之心。

第十章

簡單就是巴菲特生存之道

I・巴菲特的養生其實很平常

你們到了我這個年紀的時候就會發現，
衡量自己成功的標準就是有多少人在真正關心你、愛你。
——巴菲特

在一九九五年伯克希爾公司股東大會上，有位股東問巴菲特：「現在你已經是美國最富有的人，你下一個目標是什麼？」

巴菲特回答：「我的下一個目標是要成為美國最長壽的人。」

一九三〇年出生的「股神」巴菲特，之所以高壽，是因為他對健康的重視甚至超過投資。巴菲特的財富在全世界都是家喻戶曉的，也是健康長壽者，其中有太多值得我們學習與借鑑的經驗。巴菲特保持身心健康的秘訣如下：

一、重視健康態度決定一切

巴菲特給大學生演講時，經常用一個比喻：假如我只能擁有唯一一輛車，我要用上一輩子，那麼我會如何對待這一輩子唯一的一輛車，巴菲特說「要是真的發生這種事，我會像照顧嬰兒一樣細心照顧這輛車，因為這是我這輩子唯一的一輛車，我得用上一輩子。對待你的身心，應該和對待這輛車一樣。你只有唯一的一顆心，只有唯一的一個身體，你得用上一輩子。如果你好好對待自己的身心，很容易會用上很多年。但是如果你不好好照料自己的身心，過了40歲之後，你的身心就會成為破銅爛鐵千瘡百孔，就像一輛開了40年卻沒有好好保養的老爺車一樣。」

二、注意飲食簡單勝過複雜

巴菲特的飲食很簡單。他最喜歡吃漢堡，麵包、肉、蔬菜三合一，營養均衡。不貪吃，不貪杯，飲食有度，自然有利於健康。

三、經常運動重視生活環境

巴菲特初中特別喜歡打桌球，現在他經常打高爾夫。巴菲特遠離紐約等大都市，住在50多年前買的老房子裡，過著半田園生活。

四、做喜歡的事工作方式健康

巴菲特只做自己喜歡的事，他從小喜愛投資，他長大後也只做投資。巴菲特熱愛自己的工作，以至於他說自己每天都是跳著踢踏舞去上班。巴菲特說，每天早上去辦公室時，就感覺要去西斯廷大教堂畫壁畫一樣。

五、鍛鍊大腦注重心理健康

巴菲特最大的業餘愛好是橋牌。他說，打牌方法與投資策略很相似，橋牌就好像是在權衡贏得或損失的機率。你每時每刻都在做著這種計算。巴菲特說：「所謂成功，就是得到你想要的人的愛。」

他在二〇〇六年宣佈，把自己99％的個人財富全部捐獻給慈善事業。他希望用自己的行動告訴世人，要想心理健康，就一定要明白，人生最重要的不是金錢，而是愛。

2・巴菲特的簡單生活

一生能夠積累多少財富，不取決於你能夠賺多少錢，而取決於你如何投資理財，錢找人勝過找錢，要懂得為你工作，而不是你為錢工作。

——巴菲特

如果以二〇二〇年5月的《富比士》的評估，巴菲特的資產淨值約七百二十億美元（等於二兆新台幣），那麼像他身家那麼厚重的人，到底應該如何去生活呢？我們不妨舉幾個方面來看看！

您可能會假設億萬富翁在最奢侈的餐廳吃早午餐，訂購著名的班尼迪克蛋和英式鬆餅、德國生火腿，淋上荷蘭醬汁。或者聘請了一位私人廚師，以便隨時隨地可以支使他，對嗎？

不對，採用巴菲特的生活方式並不包括為自己在家中準備的每日美味法式烤麵包付出高昂的代價。

在食品方面，眾所周知，億萬富翁投資者通過採取快餐路線來解決。事實上，據CNBC報導，他可能會在上班五分鐘的車程中開始麥當勞之旅。

到了辦公室，他會馬上倒一杯可口可樂在桌上，然後開始一天的工作。

眾所周知，巴菲特在旅途中會選擇便宜的食物，但忘了在當地一家餐館裡浸泡了膽固醇的培根和雞蛋。巴菲特的旅行早餐可能包括一包奧利奧（Oreos）餅干，他的朋友比爾・蓋茲（Bill Gates），是的，他的好夥伴是微軟的創始人，在他的布落格上寫道：

「沃倫瞭解到的一件令人驚訝的事情是，他基本上堅持吃六歲時喜歡吃的東西。」「當然，他確實沒有吃過嬰兒食品，但他主要吃漢堡，冰淇淋和可樂。」

巴菲特在二〇一五年接受《財富》雜誌採訪時解釋了自己的飲食習慣：「我檢查了精算表，死亡率最低的是六歲兒童。所以我決定像一個六歲的孩子一樣吃東西。這是我可以選擇的最安全的課程。」

他住在內布拉斯加州奧馬哈市的同一住所，那是他於一九五八年以三萬一千五百美元購買的，巴菲特無意出售自己的房屋。他在今年早些時候告訴CNBC（全國廣播商業頻道）說：「我不會以任何價格進行交易。」

如果您想像巴菲特那樣生活，請考慮購買比您負擔得起的房屋少的房子。無需支付昂貴的抵押貸款，您就可以將更多的錢用於儲蓄退休或休假。

巴菲特告訴CNBC，如果您必須借貸，也許可以獲得30年的抵押貸款，這是「世界上最好的工具」。實際上，巴菲特在一九七一年購買了加利福尼亞州拉古納海灘的度假屋時，就獲得了30年的抵押貸款。

至於穿著方面，他從不穿名牌或名設計師的衣服，他講究的只是舒適合身，他認為衣服只要自己喜歡即可，不必去管他人的評價！

在英國廣播公司（BBC）的一部紀錄片中，他的女兒蘇珊・巴菲特（Susie Buffett）說，他購買了可以降低價格購買的汽車，例如那些被冰雹損壞的汽車。這些汽車是固定的，看上去沒有冰雹損壞，已成為巴菲特生活方式的常規組成部分。

「你必須瞭解，他一直都在開車，直到我告訴他，『這真令人尷尬，換新車的時間。』」他在紀錄片中的女兒說。

巴菲特還於二〇一四年向《富比士》透露了他的購車習慣，或缺乏購車習慣。他說：「事實是，我每年僅行駛約三千五百英里，所以我很少會買新車。」

下次您進入汽車市場時，請記住這一點：汽車會迅速貶值，因此，如果您嘗試盡可能長時間地保持良好性能的汽車，或者至少選擇保留其良好性能，對您的財務狀況會更好。購買二手車，而不是新車。

像巴菲特那樣生活的承諾並不意味著所有工作和娛樂。畢竟，即使億萬富翁也有愛好。但是與其他著名的首席執行官，投資者和企業家相比，巴菲特的嗜好負擔得起。例如，他喜歡打橋牌。

巴菲特在接受哥倫比亞廣播公司新聞「星期日早晨」採訪時笑道：「如果我打橋牌，一個裸體女人走過，我什至都看不到她。」

是的，根據二〇一七年《華盛頓郵報》的一次採訪，巴菲特是一個自稱是橋樑癮君子的人，你甚至可能會每週約8個小時趕上他玩遊戲。

他在接受採訪時說：「我曾經說過，如果我擁有合適的三個室友，我不介意去坐牢，這樣我們就可以一直打橋牌。」

你給一個既是億萬富翁的朋友又有什麼呢？巴菲特與蓋茲的長期友誼具有傳奇色彩。為了紀念巴菲特誕辰90週年，微軟大亨在他的布落格中解釋了多年來保持友誼深厚的原因——

蓋茲寫道：「在我從沃倫那裡學到的所有東西中，最重要的可能是友誼的意義。」又說：「一個我很欣賞和喜歡的人，這就是沃倫的感受的完美描述。我的朋友，祝你生日快樂。」

比爾・蓋茲有一年與他太太以及巴菲特做了一趟遠東之旅，他說：「還記得我們一起去香港並決定在麥當勞吃午餐時的笑聲嗎？您主動提出付款，掏腰包，然後掏出……優惠券！」比爾又說：「梅琳達剛發現了這張我和『大手筆』的照片。它提醒我們您對一筆划算的消費有多大的重視。」——即通過使用適用的折扣，您可以在在線優惠券網站上輕鬆找到，以節省下一次購買的費用（即使價格與麥當勞餐一樣便宜）。

這就是香港之行的慶祝活動之一，巴菲特90歲生日，他使用優惠卷在麥當勞請連續蟬連十三年世界首富的比爾・蓋茲夫婦用餐……

3・巴菲特的最大樂趣是工作

競爭並不是推動人類前進的動力，忌妒才是。

——巴菲特

任何人都知道，巴菲特經常喝可樂，但他偶爾還會吃一塊喜詩糖果公司生產的巧克力。他的妻子蘇珊曾經開玩笑地說：「每一個認識巴菲特的人都知道，他的血管裡流淌的不是血，而是可樂；他甚至在吃早餐時也喝可樂。」大概是可樂的緣故，巴菲特的腹部稍稍有點隆起。

有時候，他會因為一些事情而頭痛，可他從來不會發火。在20世紀90年代早期所羅門債券交易危機的高峰期，有一次，巴菲特打電話給他的朋友——強生公司的前總裁詹姆士・伯克，他對這個人說，自己睡不著，希望伯克能幫他一下。兩人在電話裡聊了許久，但是，巴菲特還是沒有睡著。最後，伯克說自己在強生公司陷入危機時，一天要跑3英里到5英里（1英里＝1609.34公尺）的路程才能入睡。巴菲特猶豫了一下，在電話裡問道：「還有其他的建議嗎？」

如果不是由於應酬，巴菲特從來不去高檔飯店吃飯，他經常去的地方是位於奧馬哈市只供應牛排和馬鈴薯的格拉特牛排餐廳。如果你有幸見到巴菲特吃飯，你就會有所有跟他在一起吃飯的人一樣的感覺：「他點了一杯櫻桃可樂作為開胃酒，又點了一些牛排，幾個厚厚的多汁漢堡，根本沒有考慮當時談之色變的高膽固醇恐懼症。在格拉特牛排餐廳，這個在奧馬哈市他最喜歡的飯店，在往T型牛排上厚厚撒了一層鹽後，巴菲特說：『你知道我們的壽命長短取決於父母這件事嗎？我認真觀察過我母親的鍛煉和飲食情況。她在跑步機上已經走了4萬英里。』說完他吃吃地笑了起來，把手伸向馬鈴薯煎餅和義大利細麵條……」

巴菲特喜歡高爾夫，是奧古斯塔精英高爾夫俱樂部的一員，無論如何忙碌，他始終在一個禮拜去打一次高爾夫。

這個在商業上是天才的人，在高爾夫球水平上也非同一般。他打球的風格是不打最後兩洞，從而省掉了比賽中最後一擊失敗後附加一擊的最後兩次機會。

有一次，一個與巴菲特並不熟的人問巴菲特他是怎樣達到108分的好成績時，巴菲特笑著回答他：「我三桿就把球打到果嶺內，然後輕輕擊球，就把球打入18號洞。」他同時也回答過另一個人這樣的問題，他的回答是：「想要贏得好成績，只需要把球置於球座上，然後一桿把球打入水中。」

巴菲特非常善於做人，在人們的印象中，他羞澀、自謙的態度顯得相當誠懇，他待人接物十分坦率、正直。通常他的這種行為舉止被人們描述為和藹可親、淳樸的、忠厚的紳士型人物。

曾和巴菲特一起工作過的人，對他的評價是，他永遠都是一個樂觀向上、樂於助人的人，從來沒有暴躁、發脾氣的時候。

他在工作中雖然非常勤奮，「他可以同時思考三件事情，伯克希爾公司的事情無時無刻不縈繞在他心頭。」但是他絕對不會把自己的這種勤奮強加給別人。

一位員工說，對於巴菲特來講，工作是一種樂趣，而這種樂趣就是通過如饑似渴的閱讀，來研究這個商業世界。

4．芒格說他是「一本長了兩條腿書」

想要徹底改變自己，
不完全取決於你花了多長時間，
更重要的是在於你是否用了心並找對方法。
——巴菲特

在談到是什麼良好習慣幫助自己獲得巨額財富時，巴菲特所談到的那些好習慣中，必定存在閱讀，閱讀是巴菲特生命中非常重要的一種生活方式，也是說明巴菲特獲得成功和成長的重要保障。從閱讀中獲得知識，通過閱讀來掌握更多投資和經營的方法，對巴菲特來說幾乎是貫穿一生的準則。

小時候，有一天他在圖書館中看到了一本《賺到一千美元的1000招》的書，並且他很快就迷上了這本書。這本書裡面談論的大量實用的商業建議和賺錢的想法，讓巴菲特覺得自己找到了一個寶藏。和其他喜歡閱讀的孩子不同的是，巴菲特當真運用書中的方法為自己掙錢，在中學時代，巴菲特運用書中的一個方法購買了一台角子機，放在理髮店內「營業」，為了說服理髮店老闆接受自己，他表示願意將寄放在那兒的角子機的一半營業收入分給對方。沒過多久，巴菲特就用八台角子機賺到了一千二百美元。

那個時候，巴菲特就很會出門打工「賺錢」了，他每天都要送500份報紙，每份只賺1美分，但是對巴菲特而言，閱讀報紙中的知識更加重要，他可以在報紙中看到新鮮的資訊和知識，並借此完成知識的早期積累。

二〇〇八年的伯克希爾股東大會上，有人問巴菲特如何能成為一名偉大的投資者，巴菲特說「讀一切可讀之物」。閱讀帶來的財富倍增效應始終都在影響著他，因此巴菲特一直都遵循著「5小時的閱讀原則」。

有些人會認為巴菲特有足夠的錢，也有了非常成功的事業，社會地位也非同一般，這樣自然就可以抽出更多時間閱讀以及享受生活。但這種認知本身就是本末倒置，因為巴菲特在籍籍無名的時候，就習慣了每天閱讀，閱讀幫助他完成了知識的積累，也成為他打造一個健全知識體系的基礎。

其實，巴菲特幾乎一輩子都住在奧馬哈，這裡遠離大城市的喧囂，使得他擁有足夠的私人空間，可以靜下心來閱讀。另外，巴菲特非常懂得如何劃清生活與工作的界限，生活的時候絕對不會讓工作干擾自己，更何況他本身就非常懂得分權和放權，且不怎麼參加會議以及一些社會活動。

有了時間和空間，巴菲特自然會嘗試著閱讀各種類型的書籍。但他看書基本上都有較強的針對性，比如他對於保險行業比較瞭解，就會重點關注這方面的書籍。如果他打算對能源產業做一些投資，就會花費大量時間閱讀這一方面的知識。如果他打算尋找一家優質的公司，就會想辦法閱讀幾個意向公司在過去很長一段時間內的企業年度報告。如果他對某一家公司感興趣，就會仔細閱讀該公司在過去5～10年內的財務報告、年報以及其他資料和文章。

巴菲特喜歡投資，而且從小就非常痴迷如何掙錢，在孩提時代，朋友們都在玩遊戲的時候，巴菲特就一個人在閱讀《華爾街日報》之類的財經報刊，10歲的時候就已經將奧馬哈圖書館內關於經濟、投資以及財富之類的書籍看完了。從10歲到如今90歲的高齡，巴菲特仍舊沒有改變自己喜歡閱讀經濟類書籍的習慣，他的辦公室沒有電腦，就連智慧手機也沒有，裡面只有書架以及一摞摞的書，而其中大部分都是關於投資和經濟的，摯友芒格甚至認為巴菲特就是「一本長了兩條腿的書」。

其實，比巴菲特大了六歲的查理・芒格，也是標準的書呆子，兩人的興趣如此的相同，不成為一生的摯友，才奇怪吧！

良好的閱讀習慣能夠帶來更豐富的知識，而針對性的閱讀無疑會讓個人變得更加專業，閱讀者首先可以掌握更多知識，完成知識的積累。尤其是閱讀他人總結好的且具備高價值的知識，這等於直接吸收他人的成功經驗和濃縮的知識精華，對於個人的生活和工作都有重要的指導意義。對於投資者來說，閱讀會拓展個人的視野，豐富自己的操作方式，提高自己的成功率。一些人還可以通過閱讀，形成強大的知識整合能力，將那些有價值的知識整合到自己的知識體系中來，形成獨特的知識結構。

不過想要培養良好的閱讀習慣，就需要在一段時間內堅定自己的學習態度以及遵守閱讀的時間規劃。比如每天都要抽出幾個小時閱讀相關書籍、報紙、電子文章等內容，這個習慣應該一直堅持下去。很多投資者也會閱讀，但是閱讀的連貫性和

持續性不強，經常會因為其他的事情而放棄閱讀，而且很多人只是在有知識需求的時候才會試圖借助閱讀來找到解決問題的答案，而真正喜歡閱讀的人會將閱讀當成生活的一部分，並且習慣於在每一天的閱讀中實現知識的積累和準備。

有效的閱讀還要堅持做讀書筆記，當接觸到非常有價值的知識時，就要將這些知識點記錄下來，並對相關知識點進行分析，確保自己可以更好地消化和吸收這些知識，對於一些有疑點的知識，可以做個標記，在日後進行審核與分析，確保自己可以深入掌握相關的知識。只有堅持每天閱讀，堅持做閱讀筆記，人們才能真正在閱讀中獲得更高的價值回報。

最後，我們來聽聽巴菲特的幾句話——

- 我們之所以取得目前的成就，是因為我們關心的是尋找那些我們可以跨越的一英尺障礙，而不是去擁有什麼能飛越七英尺的能力。
- 我很理性，很多人比我智商更高，很多人也比我工作時間更長、更努力。但我做事更加理性。你必須能夠控制自己，不要讓情感左右你的理智。
- 市場就像大賭場，別人都在喝酒，如果你堅持喝可樂，就會沒事。

走筆至此，綜觀「股神」沃倫・巴菲特的一生，忽然發覺他竟然是如此的「平凡」，卻能打造出如此「不平凡」的偉業！再說他早已是世界級的大人物了，可仍不失赤子之子——正直、誠懇、善良。

到了今天，他仍然喜歡工作、喜歡微笑、喜歡閱讀；他活得真實坦率、活得從容自在。即使有一天，當他轉身之後，你仍然會記得他優雅的身姿與寬厚的背影，在陽光之下熠熠生輝……

〈全書終〉

國家圖書館出版品預行編目資料

巴菲特財富人生／林郁　編著-- 初版--
新北市：新潮社文化事業有限公司，2023. 09
面；　公分
ISBN 978-986-316-887-4（平裝）
1. CST：巴菲特（Buffett,Warren,1930-）2.CST：理財　3. CST：成功法

563.5　　112010303

巴菲特財富人生
林郁　編著

策　　劃　林郁
企　　劃　天蠍座文創製作
翻　　譯　林郁工作室
出　　版　新潮社文化事業有限公司
製 作 人　翁天培
電話 02-8666-5711
傳真 02-8666-5833
E-mail：service@xcsbook.com.tw

印前作業　東豪印刷事業有限公司
印刷作業　福霖印刷有限公司

總 經 銷　創智文化有限公司
新北市土城區忠承路 89 號 6F（永寧科技園區）
電話 02-2268-3489
傳真 02-2269-6560

初　　版　2023 年 9 月